U0084707

拿破崙・希爾
《思考致富》現代版

致富思考

麥哲倫　著

前言

身處於嶄新的經濟時代，我們的觀念應當改變，不能再將目光緊鎖在那份對我們目前來說是待遇較好的那份工作上了。我們真正要做的是，像富人一樣思考，以積極的心態去採取行動，去達成自己所喜歡的工作與所希望的目標。

美國著名的成功學勵志大師拿破崙．希爾曾在《思考致富》一書中強調：「富人最大的一項資產就是其與眾不同的思考方式。富人似乎都這樣認為——如果你一直在做別人正在做的事，最終只會擁有一個最平凡的人生。」

誠如大師所言，貧與富最本質的差異是由思維方式的不同所造成。當然，它本身並不否定積極努力的工作態度和始終如一的敬業精神。它是在以個人創富為先的前提下，進一步肯定採取有效的行動，努力奮鬥的必要性！

本書也試圖找出現實生活中——我們可以解釋的——諸多由創富行為所引發的系列問題的原因：

為什麼許多人辛勞終生，卻一直生活在他們期望得到的水平之下；

為什麼許多人創業極其艱辛，另外的許多人卻似乎萬事如意；
為什麼許多人投資有投無得，另外的許多人卻始終穩操勝券；

……

——是不是，任何人都可以致富？

關於這個問題，大部分窮人通常回答：「不！」而富人的回答則是：「是的，所有的人都可以致富。致富並不是很難的事。」

當然，「窮」與「富」本身並無實際可比性，因為它們沒有一個可供衡量的標準，就好比「窮」存在不同程度的「窮」；而「富」也存在不同程度的「富」一樣。但這些都不是問題。希望成為富人，就要透過自身的努力，脫離貧窮，走向富裕，借鏡於不斷打破「自我滿意」，向「不可能說再見」的富人心態、品德、思維、計畫與實際行動。

富人之所以能夠成為富人，就因為他們能進行長期、有效的思考和計畫，並且知道如何透過堅持夢想，展望未來，獲得自己所期望的目標。所以，如果你窮，你不能怪別人，更不能怪老天對你不公平！

第5章 閱讀的力量／131

第 I 章

你窮，但不能怪上帝

關於貧窮，身為貧窮者的你，
總會講出許多讓「同病相憐」的人，
感到尤為共鳴的理由。
但是，無論你怎樣為你所選擇的身分——窮人——辯解，
一切都是毫無意義的。
因為，窮，總是讓人無所作為。
一句話，你窮，但你不能怪上帝。

1．志短則必窮

一輩子沒沒無聞的人很多，他們窮困潦倒，終日掙扎。從根本上而言之，就是他們的心底害怕成功，因而不敢選擇成功。

在人生之初，也許他們確實非常嚮往成功，嚮往財富。他們會正常地工作並制定一項計畫。但是，奮鬥一段時間之後，他們的工作阻力慢慢增加，為了更上一層樓，所需付出的努力更多。他們覺得這樣下去實在不值得，因而放棄了努力，變得自暴自棄，甚至自我解嘲：「我對現在的生活很知足！我是個平凡的人，也不想發什麼大財！」

一、自知貧窮，艱苦樸素過一生

這種人會儘量掩飾自己的真實想法，努力使別人相信他們很快樂。他們甘願守著一個很有保障、很平凡的職位。他們往往會花好幾個小時告訴別人，他們為什麼對自己的工作很滿意。但是，聽到的人知道他們是在欺騙自己，他們也知道自己是在自欺欺人。他們需要一份更有挑戰性的工作，這樣才能繼續發展與成長。但是，就因為有無數的阻力，使他們深信自己不適合做大事。

這種人害怕失敗，害怕大家反對自己，害怕發生意外，害怕失去自己已有的東西。他們也許有才幹，卻因為不敢重新冒險，甘願平平淡淡度過一生。可以說，他們是在自製貧窮，因而也只能艱苦樸素過一生。

他們始終不肯承認是他們自己甘於過窮日子，他們沒能認清自己有選擇的權利。節儉並沒有錯。有很多人也的確必須節省，否則日子根本過不下去。但這類人同樣也可以發揮自己的潛力，做出更好的選擇，大可不必把美好的事物全然拒於門外。

每天，類似這樣的話我們已聽得太多：「我喜歡那個東西，但我買不起！」或「生活已經快過不下去了，哪有能力去買那東西！」沒錯，你是買不起，但你如果永遠存有這個念頭，那你一輩子就真的會這樣「買不起」了。

你不妨換一個比較積極的想法，諸如：「我會買的，我要得到那個東西！」當你在心中建立了「要得到」、「要買」的想法，你就同時有了期待，在心裡建立了希望。千萬不要摧毀你的希望。一旦你捨棄了希望，你也就把自己的生活引入了挫折與失望。

有這樣一個年輕人，是個萬事通，會做的事情很多，所做的事也樣樣成功。可是。奇怪得很，他從來都賺不到錢。大家都不懂這到底為什麼。他有野心，也很有人緣，個性又很開朗，就是在金錢上始終不得意。後來，他找到了問題的根本。原來問題就出在他老是說：「我樣樣都行，就是賺錢不行！」——簡直胡說八道。

後來他改變了這種荒唐不負責的想法，結果不到一年，他的經濟情況就有了起色。自此以後，他的經濟情況一帆風順。

慢條斯理，絕不冒一分風險。這是某些人的生活哲學。

慢條斯理的人也就是活得過於仔細的人，他們往往藉口條件還不具備，不肯輕易付諸行動，因而坐失了很多良機。

也許你聽過這個笑話：「昨天晚上，機會來敲我的門。當我趕忙關上警報器，打開保險鎖，拉開防盜門，它已經走了。」

這個故事的寓意是：如果你活得過於仔細，就可能錯失良機。

具有過度安穩之心理的人常常會失掉一次次獲得財富的機會。所以，人生就應該抓住稍縱即逝的機會。過度謹慎，往往會失去它。我們知道，這種過度安穩的心理並不能給人帶來真正的安全感。為自己的需要努力生產而獲得自尊與自信的人，總是比將問題留給別人去解決的人來得安全。

在瑞典，政府告訴每一位公民，政府會終身照顧他們。《聖經》中清楚地告訴他們：不勞動者不得食。可是，許多瑞典人認定，政府有義務養他們。大體上真是如此。任何公民到醫院看病時，都不必付帳，由政府支出。嬰兒出生時，政府會買單，並供養母子。如果收入不足以維持最低生活，政府也會給予補助。有了這種絕好的安排，瑞典人應該是最快樂的民族了。可是，瑞典除了擁有西方國家最複雜的稅收制度之外，還有增長最快的少年犯罪率，以及急速增加的毒品問題和最高的離婚率。所有這些，還要加上老人問題——瑞典退休的老人在西方國家中有最高的自殺率。

真正安全的工作無法由別人給予或提供，必須由自己爭取。

二、「等一會兒」必將成為「永不」

塞萬提斯說：「取道於『等一會兒』之街，人將走入『永不』之室！」

在職者比失業者更容易找到好工作；失業很久的人更不容易找到好工作。這是人所共知的道理。大部分人共同存在的一個心理障礙，就是對工作過分挑剔，一直在尋找完美的工作或待遇。他們卻不自知，他們並不是完美的員工。他們總是過分強調公司應提供他們更多的假期與福利。對於已經有了工作，且做得相當好的人而言，這種要求並不過分；而沒有工作的人，一開始便如此要求，似乎不切實際。

你至少要先起步，才能到達高峰。一旦起步，繼續前進便不太困難了。工作越是困難，越要立刻去做。你等得越久就變得越困難、越可怕。

做事切忌過度慎重與缺乏自信。在興趣較濃時，做事是一種喜悅；興趣減少或日漸消失，做事就成了一種痛苦。

人的一生中，總會有良機佳遇到來。但它一瞬即逝，若不即時把它抓住，以後就永遠失掉了。

有計畫而不去執行，使之煙消雲散，會對我們的品格力量產生非常不好的影響。反之，努力執行，就能增強我們的品格力量。有計畫不算稀奇，能執行才算可貴。應該就醫而拖延著不去就醫，以致病情嚴重到回天乏術，這樣的人怕是為數不少吧！

習慣之中足以誤人的莫過於拖延成性。世間有許多人都被此種習慣所累而陷入困境。拖延的習慣最能損害及降低一個人做事的能力。假使對於某一件事，你發覺自己有拖延的傾向，你應該直跳起來，不管那件事有多麼困難，立刻動手去做，不要畏難、不要偷懶。應該將「拖延」視作你最可怕的敵人，因為它要竊去你的時間、品格、能力、財富與自由，使你成為它的奴隸。要醫治拖延的習慣，唯一的方法就是事務當前，立刻動手去做。多拖延一分，就足以使那件事難做一分。「要做就立刻去做！」這是百萬富翁的格言。凡是將這句格言作為座右銘的青年，都不會招來悲慘的結局。

三、選擇貧窮，從不認為好運會降臨

在現實生活中，到處有人固執己見，患得患失。結果真的好景不長，不是這裡有問題，就是那裡出了毛病。

本來工作得好好的一個人，一切都很順利。他卻不放心，偏要想：「我現在是有工作，可是，誰知道能持續多久？」果然沒多久，他就丟了工作。比這更糟的是，各種帳單已經積了一大疊，往後的房租也沒著落，眼前一時還找不到別的工作；這時候，小孩又生病了……好像一連串倒楣事情都找上門來……還好，他終於又找到了工作，開始償還積欠的債務。就在一切慢慢恢復正常，錢也還得差不多時，又有事情來了。正因此，只要有幾次類似的經驗下來，這個人對所謂「好景不長」的想法自然深信不疑。

當我們周圍的人被煩惱和困難困擾時，我們自然不太容易安於自己的順境。然而，我們應該知道，很多人之所以不斷受挫，主要是因為他們未能正確地發揮選擇命運的威力，事情才會演變成那樣。所以，我們必須不斷教育自己：所謂「好景不長」，根本是一句謊言。不久之後，這種想法自然會變成我們的信念。一旦把這種信念帶進生活，我們就能夠像發現新大陸一樣，發現一片新的生活領域。

看不到快樂的人，我們便會斷定：人生就是這樣。殊不知，一個人往往可以影響一群人。在這個世界上仍然有成千上萬的人一貧如洗，居無定所，他們甚至不再奢望能改善他們現有的生活。為什麼我們一定要活在陳舊教條的陰影下面，把現狀看成一成不變？其實，如果你對生活真的滿懷希望，那就一定會有好運降臨的一天。

2．懶惰心理：假如誰肯給我一點錢……

常常聽到有人說：「假如誰肯給我一點兒錢，那我就……」

最不幸的是，許多人都相信這個「假設」，一直在等人提供那筆錢。的確，前賢一直提倡要幫助別人。但是，你給一個人一隻野兔，只能供養他一天。反之，你教他打獵，就等於供養他一生。這種狩獵的教訓實有深意在焉。

一、免費午餐，代價在後

懶惰從來沒有在歷史上留下好名聲，也永遠不會留下好名聲。懶惰是一種精神腐蝕劑。因為懶惰，人們不願意爬過一座小山崗；因為懶惰，人們不願去戰勝那些完全可以戰勝的困難。如果你想使一個人殘廢，只要在足夠長的時間裡給他「免費的午餐」，讓他養成不勞而獲的習慣就行了。

那些生性懶惰的人不可能在社會中成為一個成功者，他們永遠是失敗者。成功只會光顧那些辛勤勞動的人。懶惰是一種惡劣而卑鄙的精神重負。人們一旦背上了懶惰這個包袱，就只會整天怨天尤人、精神沮喪，無所事事。

有些人終日遊手好閒，無所事事，無論幹什麼都捨不得花力氣、下功夫。但這種人的腦瓜子可不懶，他們總想不勞而獲，占有別人的勞動成果。他們的腦子一刻也沒有停止思維活動，一天到晚都在盤算著如何去掠奪屬於別人的東西。

二、懶漢思想：財富不會與我同行

很多成功勵志的書籍，都講述了這樣一個有趣而發人深省的故事。

這個故事來自美國南方的一個州，那裡現在仍然用燒木柴的壁爐取暖。過去那兒住著一個樵夫，他給某一個人家供應木柴達兩年多。這位樵夫知道木柴的直徑不能大於18公分，否則就不適合那家人所擁有的特殊的壁爐。但是，有一次，他給這個老主顧送去的木柴大部分都不符合規定的尺寸。主顧發現這個問題之後，就打電話給他，要他換掉或者劈開這些不合尺寸的木柴。

「我不能這樣做！」這個樵夫說：「這樣所花費的工價就會比全部的柴價還高。」說完，他就把電話掛了。

這個主顧只好親自做劈柴的工作。他捲起袖子，開始勞動。就在這項工作進行到一半時，他注意到一根非常特別的木頭。這根木頭有一個很大的節疤。很明顯，那節疤被人鑿開又堵塞住了。

這是什麼人幹的？

他掂量了一下這根木頭，覺得它很輕，彷彿是空的。他立刻用斧頭把它劈開了。一捲發黑的白鐵卷掉了出來。他蹲下去，撿起這白鐵卷，把它打開，吃驚地發現裡面有一些很舊的50美元和100美元兩種面額的鈔票。

他數了數，共有2250美元。很明顯，這些鈔票已經藏在這個樹節裡許多年了。這個人唯一的想法是把這些錢還給它們的主人。

他抓起電話，打給那個樵夫，問他從哪裡砍了這些木頭。樵夫懶散地回答：「那是我自己的事！」

這位主顧做了多次努力，還是無法獲悉這些木頭究竟來自哪裡，更不知道是誰把那些錢藏在樹裡。唉，可憐的樵夫！即使運氣降臨，他也茫然不知。

真正的幸福絕不會光顧那些精神麻木、四肢不勤的人；幸福只存在於辛勤的勞動和經驗的汗水中。懶惰，它會使人精神沮喪，萬念俱灰；勞動，它能創造生活，給人們帶來幸福和快樂。任何人只要勞動，就必然耗費體力和精力，使人精疲力竭，但它絕不會像懶惰一樣，使人精神空虛。好運在每個人的生活中都存在，然而，以消極懶惰的心態對待生活的人卻會阻止好運降臨。

如果你生病了，你一定會認為自己身體的某些部位不對勁，並立刻向人求助，做某種適當的處置。同樣的道理，如果在你的生活中，財富不能充分循環，那一定是你的某些部分發生了問題。你的生命原本是指向更富裕的生活，貧窮卻使它違反了本來的欲求。要記住，你絕不是為了今天在茅屋中穿著襤褸的衣服，餓著肚子過日子而出生在這個世界，你應該過著更幸福、更富足、更成功的生活才對！

假使你堅決地要求，並不斷地奮鬥，去爭取這富裕和充足，總有一天，你會認識到這條規則——每個人都能成功！

只要普天下的貧困者都能夠從他們頹喪的思想、不良的環境中轉身過來，朝著光明愉快的方向努力，立志脫離貧困與低微的生存狀態，在最短的時間內，這種決心一定可以使每個人的生活得到改善，並促進社會飛速進步。當世界上沒有任何事物能夠推翻你的這種決心時，你會發現，你可以從這份堅定的信念中獲得無窮的力量。

大部分貧窮者之所以貧窮，關鍵在於他們沒有建立起可以擺脫貧窮的自信。他們一直向貧窮低頭、妥協，貧窮也就自然而然，成為他們應有的命運。

3．排斥工作：只想消費，不想掙錢

許多朝氣蓬勃，剛加入工作行列的年輕人往往自視過高，不肯踏踏實實做好眼下的工作。其主要的思維過程如下——

第一：「我需要錢。」

第二：「我應該值更多的錢。」

第三：「可是，他們不會再給我更多錢的。」

第四：「因此，我要減少我的工作量。」

這些言論都很坦白，大多數人都認為這種邏輯不但合理，而且正當。就如朝來暮去一般，這種想法也是一步接一步，往上疊加。主要問題在於：這不是一種簡單的直線型想法，而是一種循環式想法。這四個步驟最終導致——

第五：「現在我需要更多的錢。」

也就是說，一旦這種對工作漠不關心的態度轉變成習慣性的敵意，他們能從工作中獲得的滿足就越來越少。如此惡性循環，使他們的心理越發不平衡——將工作視為浪費時間，不能得到應有的報酬；唯有不工作的時間才快樂；一想到要浪費任何休閒時間，他們就會感到沮喪，甚至大驚失色。

一、「這樣辛苦的工作不適合我！」

只要你稍做調查，就會驚訝地發現——許多人都承認他們目前所從事的並不是他們真正想要做的工作。

在他們看來，最重要的是：必須有錢，才能過理想的生活。這是他們的目標。他們的生活態度卻本末倒置。換言之，他們因為需要錢，才想得到錢。至於他們是否應得到那麼多錢，卻不在考慮之內。通常，他們都很自信地認為自己應比當時所得的值得更多才對。既然待遇不理想，他們就消極怠工。這樣做雖然可能無法改變收入，卻可以減少投入工作的精力。反正，努不努力，決定權掌握在自己手中而非雇主手中。

許多人辯稱：他們沒有必要熱中於自己的職業。想要在職業中獲得滿足，根本是一種奢望！我們最常聽到的也是：「這樣辛苦的工作不適合我！」

不過，受過大學教育的學生，不論在學校或畢業後所要求的都不只這些。他們不只想找一份工作，他們要的是事業，是一個能滿足自己成功之欲望的職業。這個目標對他們來說，意義重大。事實上，比他們想像的還大。

隨著歲月流逝，當他們發現自己無法在工作中達成目標，很可能會被迫從其它途徑尋求滿足。比如許多人藉著運動、嗜好等求得滿足。不過，效果不佳。

凡是對工作缺乏參與感的人，其欲望必然無法得到滿足。即使他們毫不鬆懈地追求，收穫也很有限。

二、「我簡直是在做苦力！」

現在我們試著把那些視工作為苦力的年輕人之經歷劃分成三個階段。

第一階段，是開始工作後，他們立刻明白，有了錢，才能過理想的生活。以前他們並不這麼想。學生時代，他們採取的方式大致相同：設法以手邊能動用的錢過活，有多少錢就過多少錢的生活。那時候，收入的差距並不會使彼此之間產生太大的隔閡。

眼下，收入的差距使他們之間的距離越拉越大。在學生時代，娛樂及服裝的花費都很便宜。而且，同伴們對金錢都只有起碼的要求。只有少數學生會認為，擁有較多錢財是改善社交生活的最好辦法。他們承認手邊有現錢的確有助益，但並不像外表或其它事情那麼有用。一旦他們開始工作，看法就馬上改變了。起初兩年中，他們發現，要打入合適的社交圈，最急需的就是錢。

那麼，是什麼阻撓了他們取得發展所需要的資金呢？這時，他們把一切問題都歸罪於工作。於是，他們進入危機的第二階段。此時，他們有一個明顯的問題存在，也知道問題的原因。也就是說，工作缺乏激勵性和吸引力這個因素已經使他們無法再保持客觀的立場。他們將工作視為追求一切理想的障礙，最終更將它視為苦力。

若把這種抱怨的現象歸咎於選錯了工作，認為只要換換公司，甚至另選行業，就能彌補過來，那根本沒抓住問題的重心。

他們認為，待在公司實在是浪費，公司裡的那夥人只會做垃圾生意，他們不應該將寶貴的時間放在工作上。簡言之，這些人剛開始工作時，都沒能和工作真正融合在一起。幾年下來，疏離感漸漸擴大。雖然他們起初都希望有個事業，也有心發展事業，但最後他們所擁有的只是一份工作而已。

基本上，他們視工作為麻煩事，希望能盡速解決掉。他們認為：唯有找出一個能戰勝制度的方法，才能同時解決所有的問題。事實上，他們已置身於工作之外，與一般局外人一樣，特別注意工作的目的。在他們眼裡，努力工作毫無目的可言。至於全神貫注於工作中的樂趣，他們是體會不到的。既然工作內涵已不重要，那就只有外表比較要緊了。他們將注意力轉移到服裝上面——這實在是個很迷人的轉變。

當穿著整齊時，他們看起來的確引人注目。當然，給人一個良好的印象很重要。問題是，他們除了服裝之外，就沒有其它條件可以支撐他們了。在內心深處，他們承認自己已不再對辦公室的日常工作感興趣，卻又急著想要獲得升遷及加薪。若無法以工作表現爭取，就只好以服裝取勝。

到了第三階段，他們把心力放在對公司制度的打擊。他們盤算著要如何打擊制度時，都會覺得愉快萬分，甚至自詡：「我們可以預知老闆什麼時候來，他來時總是看見我在忙著。」

我們猜想，這些試圖打擊制度的人是在尋求一個能快速增加報酬的公式或訣竅。但是，他們所做的每一件事並非都是這麼有意識的。

4．窮人辯白：「要是我有錢，我也會很開心！」

當我們讚美成功的人總是充滿樂觀與積極的心態時，失敗的人會說：「他們的積極與樂觀一點也不值得奇怪，如果我一次也能賺十幾萬，我也會很開心的！」

失敗的人認為成功的人每次都賺那麼多錢，所以心態才那麼積極。這顯然是本末倒置。成功的人之所以能每次賺那麼多錢，是因為他們具有正確的心態。

一、快樂是一種心態

在許多場合，我們常會遇到一些沮喪、消極、失敗、憂鬱、破產、不快樂的人。這些人一旦有了一點幸福，就努力緊抱著那一點快樂，深怕它跑掉。還有些人，當他們自覺滿快樂的時候，就會懷疑是不是有什麼不對，擔心眼前的幸福會不會持久。

星星不會撞上月亮，月亮不會撞上太陽，太陽也不會撞上地球。同樣道理，為什麼我們的生活就不能毫無阻礙地順利進行？有人就曾這麼說：「這裡就是天堂！問題是我們一般人不懂得該怎樣去尋求各種幸福。」

有些人本來過得好好的，這種順境卻沒能持續多久。他本來過得很好，什麼也不缺，但他犯了一個錯誤——過於自信。他沒有為自己的幸運感謝人生，沒有踏實小心地維護他的幸福，反而讓自己輕飄飄，忘乎所以，不自覺地陷自己於逆境中。「過於自信」已毀掉許多人的前途，其傷害性不下於任何其它我們所能想到的因素。但是，很少有人檢討這一點。上天並沒有要我們妄自菲薄，但這並不意味著我們就可以自滿。很多人有這種自滿傾向而不自覺；也正因為不自覺，就很可能一蹶不振。他們受挫，失敗，卻不能正確地分析挫敗的原因。就這樣，世界上失意的人又添了許多。

有錢與否，並不能決定一個人是否快樂；物質生活的富足並不能決定精神生活的充裕。快樂是一種心態，它與金錢無關。

二、你的的自信源於你的感覺

一個人一旦穿上軍裝，就會真的感覺到自己是個軍人；一位女子為赴宴打扮得花枝招展，她也會真的感覺到甜蜜約會般的情調。同樣的理由，一個人打扮得像個經理，就會覺得自己真的是個經理，因而表現出經理的派頭與風度。有個推銷員這麼說：「除非我看起來好像業務很好，否則不會真的感覺很好。想爭取到大訂單，就一定要感覺自己的業績很好才行。」一事實就是這樣，你的儀表會對自己說話，也會對別人說話。它可以決定別人對你的看法。從理論上看，我們應當看重一個人的內在而不是外表。但請你不要太天真，大家都是以你的外表衣著打量你，因為你的儀表是別人打量你的第一印象，而且這印象會持續下去，在許多方面影響他們往後對你的看法。

在一家超市，有一整桌無籽葡萄，每磅只賣15美分。另一張桌上也擺了許多葡萄，用塑膠袋子包裝得很漂亮，每磅28美分。如果你問：「這兩種葡萄究竟有什麼不同？」市場內的職員會回答：「就是那個塑膠袋而已。」他們用聚乙烯袋子裝的葡萄，其銷售價格大約是沒有包裝的兩倍。包裝後外觀不一樣，銷售成績也完全不一樣。

當你在公共場合推銷自己時，請記住：經過包裝美化以後，就會有更好的成交率，而且能以更高的價錢成交。是的，一個人的衣著好像會說話一樣。衣冠楚楚者的儀表能告訴大家：「這裡站著一個精明能幹、很有前途且能擔當大任的人。」他值得受人器重與信任。由於他很尊重自己，因此我們也要尊重他。而不修邊幅的人就令人不敢恭維了。他們的儀表好像在說：「這裡有個落魄的人，他不修邊幅，毫不起眼，擔負不了什麼重任。」

外界的信息反饋會決定你對自我的評價，你的自我評價又決定了你對自己的信心。也就是說，在內心深處，你對自我的感覺將決定你的自信程度。

第2章

擁有一顆富足的心

通常情況下，
富豪與平常人之間總是保持著一種正常的流動性。
正是由於這種流動性，
才使財富保持了它最大的穩定性，
因而富人在不停地變化，
社會的財富也在不斷增長。

1．心態的力量

人的一生有順境和逆境。命運之神很公平，當祂往你左手中塞了東西，就會從你右手中奪走一些東西。你可曾有過對別人的發問侃侃而談的體驗？可曾有過一帆風順，春風得意的時光？或是在籃球場上，你的大力扣籃所向披靡；或是在商業交涉中，你不動聲色，但胸有成竹。這一切是那麼美好，使你如沐春風。但在某一段時期，你可能處處碰壁，甚至連走路都會栽跟斗。那種痛苦和無奈可能使你苦不堪言，欲哭無淚。人生為什麼會出現這種尷尬？人為什麼有時候會事事順心，有時候卻屋漏偏逢連夜雨？

其實，這一切都由人的心態所決定。當你處於積極進取的良好狀態，你會顯得自信、堅強、快樂、興奮，這時你的思想活躍，思維敏銳，渾身有使不完的勁兒。反之，當你處於消極頹喪的心態，你表現出來的是恐懼、憂慮、心浮氣躁、多疑、悲傷、焦慮等等，這使你精神委靡，毫無鬥志。每個人都會在這兩種好壞不同的心態中更迭轉換，似乎是在進行一系列角色大會串。研究表明，我們的行為源於我們的心態。只有對自我的內心狀態全面而透徹地進行了解之後，我們才能順利地改變自我，走向卓越。

人生就是這樣——當你春風得意，事事順心，往往駕輕就熟，左右逢源，沒有幹不好的事。但是，一旦你情緒低落，意志消沈，做出來的事往往陰差陽錯，紕漏百出，使你感到萬分惱火和懊喪。

人們都或多或少體驗過這些心態，但很少有人想到要刻意去控制它。追求人生目標的結果只有一個：不是成功，就是失敗。哲人告訴我們：什麼樣的心態導致什麼樣的結果。因此，成功學大師拿破崙・希爾說：一個人能否成功，關鍵在於他的心態。成功人士與失敗人士的差別在於成功者心態積極，失敗者則習慣於用消極的心態面對人生。

成功人士始終用積極的思考、樂觀的精神和輝煌的經驗支配和控制自己的人生；失敗人士不斷受過去的種種失敗與疑慮所引導和支配，他們空虛、猥瑣、悲觀、失望、消極、頹廢，最終只能走向更大的失敗。

運用積極心態支配自己的人生，這種人擁有積極奮發的心態，他們能樂觀向上地正確處理人生的各種困難、矛盾和問題。運用消極心態支配人生的人，心態悲觀、消極、頹廢，不敢也不去積極解決自己所面對的各種問題、矛盾和困難。

美國有一位電氣工人，在一個四周布滿高壓電器設備的工作臺上工作。他雖然採取了各種必要的安全措施預防觸電，但心裡始終害怕因高壓電擊而送命。有一天，他在工作臺上碰著一根電線，就立即倒在地上死了，身上顯出觸電致死者的一切症狀。但是，這位工人在碰觸電線時，電線中並沒有電流通過，因為那時電閘並沒有合上。

意念自殺是心理和生理因素二者互相影響所導致的結果。一個人若勇敢堅定，遇事鎮定自若，絕不可能出現意念自殺的現象。相反，意志薄弱、感情脆弱，遇到可怕的事就恐懼萬分，就很可能被自己的意念引發病變或被殺死。總之，心態的力量太巨大了。

2．創富需要強大的欲望力量

拿破崙・希爾曾講過這樣一個故事：從前有個將軍，經常以寡敵眾，冒險犯難。某次戰役，士兵乘船到了彼岸，卸下裝備之後，他立刻下令燒船。拂曉攻擊之前，他正色地對士兵說：「你們都看到軍艦已被燒毀。這一仗我們非勝不可，否則我們沒有人可以活著離開。我們只有兩條路——勝利或死亡，再無其它選擇。」他們真的勝利了。

對此，希爾評論道：「如果我們想在最惡劣、最不利的情況下取勝，我們必須主動將船隻燒掉，把所有可能的退路切斷。只有這樣，我們才能保持必勝的熱忱與心態。這是成功的必要條件。」

1．要成功地創造財富，就必須具有強大的願力　那麼，何謂願力？它是指明確的志願與無堅不摧的欲望所表達出來的力量。

2．願力中的「願」即志願，屬於立志的範疇　對創富而言，我們所說的志願，還應有兩個基本要求——

一、志向遠大，而且將目標具體化。也就是說，你必須確定你所要求的財富有多少，不能泛泛而論。如：我這一生決心要賺多少錢，成為百萬、千萬還是億萬富翁。要賺多少錢——10萬、50萬，一定要明確地在意念中定下來，不能只停留在「我想擁有許多許多錢」。否則，你是不可能賺到錢的。

當然，遠大的目標，從來就不可能一蹴可幾。俗話說：「冰凍三尺，非一日之寒。」「千里之行，始於足下。」為了實現遠大的目標，你還得建立相應的中期目標與近期目標，由近期目標逐步向中期目標推進，切切實實地看到財富的積累，從而增強成功創富的希望，才能達到最終創富的目的。

二、使志願保持在一個高尚的層面。崇高的目標表現在：吸引巨大的財富，不排拒財富。這些目標必須以不破壞法律、社會公德，不損害他人的利益為基準。否則，你的成功必不會被人承認，並將遭到唾棄和正義的懲罰。事實上，許多憑藉強大願力而獲取巨大財富的佼佼者，他們在創造財富的同時，都很樂意與別人分享成功的愉悅，或者把精神財富如創富意識、理論、思想傳授予人，或者把物質財富無私地回饋社會。他們稱此為「壯麗的著迷」。足見創富之心是多麼純良與崇高。

明確、高尚的創富志願，需要無堅不摧的欲望力量加以催化。「欲望」即想得到某種東西或達到某種目標的要求。沒有堅不可摧的創富欲望，遠大的創富目標便不可能達到。人的欲望愈強大，目標就愈接近；正如同弓拉得愈滿，箭就飛得愈遠一樣。在成功的創富道路上，沒有困難和不幸能夠阻擋創富的腳步。有了明確高遠的目標，又有火熱、堅不可摧的欲望力量，必然產生堅定有力的行動。一個人只有不畏艱難，不輕言失敗，信心百倍，朝著既定目標永不回頭，才會在有生之年成功地創造出財富。

3．把貧窮從思想上清除

貧窮並不可怕，可怕的是認為自己注定貧窮，必定老死於貧窮的念頭！

假使你覺得自己的前途無望，覺得周遭的一切都很黑暗慘澹，請你立刻轉過身，朝著另一方向，朝著那希望與期待的陽光，將黑暗的陰影拋在背後。

克服一切貧窮、疑懼的思維，從你的心扉中撕下一切不愉快且黑暗的圖，掛上光明又愉快的畫。

用堅毅的決心同貧窮抗爭。你應當在不妨礙、不剝削別人的前提下，去取得你的那一份兒。你本就應該得到「富裕」，那是你的天賦權利！

心中不斷地想要得到某一東西，並且孜孜不倦地奮鬥著去求得它，最終我們總能如願以償。世間有千百萬人就因為明白了這層道理，終於掙脫了貧窮的生活！

有一則關於一位牧師的令人驚奇的小故事——

一個星期六的早晨，在很困難的條件下，他準備著他嘮叨的布道講演。他的妻子出去買東西了。那天在下雨，他的小兒子吵鬧不休。最後，這位牧師在煩躁中拾起一本舊雜誌，一頁一頁地翻閱，直到翻到一幅色彩鮮豔的大圖畫——一幅世界地圖。他立刻撕下這一頁，再把它撕成碎片，散在客廳的地上，「小約翰，如果你能拼好這些碎片，我就給你25美分。」

牧師以為這件事會花費約翰一上午的大部分時間。但是，不到10分鐘，就有人敲他的房門。是他的兒子。牧師驚愕地看到小約翰如此之快就拼好了一幅世界地圖。

「孩子，你怎麼把這件事做得這樣快？」牧師問道。

小約翰回答：「很容易呀！在另一面有一個人的照片。我把這個人的照片拼到一起，然後翻過來。我想，如果這個人是正確的，這個『世界』也就是正確的。」

牧師臉露微笑，給了兒子25美分。「你已替我準備好了明天的布道詞。」他說：「如果一個人是正確的，他的世界也就會是正確的。」

這則故事給予我們很大的啟示：想改變你的世界，首先應該改變你自己。

4．我想贏，結果我贏了

一位青年銷售員，工作時常常使用卡耐基的自我鼓勵警句控制自己的心態。他是一個18歲的大學生，趁著暑假期間，到保險公司擔任出售保險單的銷售員。在兩週的理論訓練期間，他學到了不少東西。其中包括——

(1)銷售員在離開銷售學校後的最初兩週內所養成的習慣，工作時應當保持不變。

(2)有了一個銷售目標，你就要不斷努力，直到達到這個目標為止。

(3)力爭上進。

(4)在你需要的時刻，要用自我激勵警句，如「我覺得健康，我覺得愉快，我覺得大有作為」，以激勵你自己朝著預定的方向前進。

這個大學生有了一些銷售經驗之後，就給自己定下一個特殊的目標——獲獎。想做到這一點，他至少要在一週內銷售100份保險單。在那一週星期五的晚上，他已經成功地銷售了80份，離目標還差20份。這年輕人下定決心：什麼也不能阻止我達到目標！他相信自己所受的教育：「人的心中所設想和相信的東西，必能用積極的心態獲得它！」雖然他那一組的另一位銷售員在星期五就結束了一週的工作，他卻在星期六的早晨又回到工作崗位。

到了下午三點鐘，他還沒有做成一筆買賣。他受過這樣的教育：交易可能發生在銷售員的態度上——不在銷售員的希望上。

這時，他記起了卡耐基的自勵警句，滿懷信心地把它重複了五次：「我覺得健康，我覺得愉快，我覺得大有作為！」

大約在那天下午五點鐘，他做成了三筆交易。距他的目標只差17份了。他記起了這樣的話：成功是由那些肯努力的人所保持。他又熱情地再重複幾次：「我覺得健康，我覺得愉快，我覺得大有作為！」大約在那天夜裡十一點鐘時，他感到疲倦了。但他很愉快——那天他做成了20筆交易！他達到了他的目標，獲得了獎勵，並學到一個道理：不斷努力，就能把失敗轉化為成功。

積極向上的心態是一種不可抵擋的力量。「我想贏，我一定要贏，結果我贏了。」一個人可以指揮這種心態力量去達到任何正當的願望，包括控制身體疼痛和心理疼痛。

許多人終身囚禁於心靈的監獄之中。他們忘了這樣一個事實：他們帶著鑰匙進入監獄。這監獄就是他們為自己建構的消極心態。

記住：無論恐懼的黑色兀鷹在哪裡盤旋，哪裡就會有什麼東西睡著了需要被喚醒，或者某種死了的東西需要被掩埋。

5．把光線放進黑暗

凡是真正偉大的人，都能統治他的精神國土，主宰他的種種情感。他掌握了相輔相成、相生相剋的原則，知道怎樣去用相反的思維消滅各種鬱悶、罪惡的念頭，像醫生用抗菌素一類東西去消滅侵蝕病人身體的細菌一樣。

同樣，掌握了成功法則的人，必然知道怎樣用愉快的思想抵消失望和頹廢。他知道樂觀的思想會戰勝悲觀思想，和諧可以去除混亂，健全的心思可以消滅病態的思維；他知道愛的信念可以趕走悔恨、嫉妒、報復的念頭。

許多人往往因為不懂得心理健康學而心胸染毒。我們的精神時常受毒，卻不知該如何防禦。其實，用積極的思想去抵消種種消極的思想，就像擰開了冷水管去調節沸水的熱度一般容易。

假使我們的頭腦由於動怒而發熱，我們可以開發愛的思想、和平的思想，怒氣的熱度自然全消。在愛的信念面前，恨一刻也不能生存。寬恕的力量會抵消嫉妒與報復的心理。它們不能同時存在。大多數人的不幸就在於一味地想驅逐心中的「不好」，而不知用「好」抵消「不好」。他們想趕走心中的恨，但不知求助於它的抵消劑。

我們不能趕走室內的黑暗。但是，我們只需把光線放進來，黑暗自然會逃逸無蹤！

6．想像握有財富的感覺

每個人只要活到了解金錢之作用的年齡，都會企盼擁有它。但光「企盼」不會帶來財富。如果能把「渴望」財富的心態變成「唯一的信念」，然後訂出追求財富的明確方式與計畫，並以絕不認輸的毅力實踐這些計畫，便會帶來財富。

一八〇〇年，由於一次小意外，艾爾・杜邦產生了投身火藥業的欲望。他決心生產出和英國貨質量一樣好的火藥，並且雄心勃勃地聲明，他的工廠將採用法國的技術，生產全美乃至全世界最好的火藥。

此時，艾爾除了年輕，沒有任何資本。但他一心想要成功，而且相信火藥業一定有無限的前景，他自己的願望也終能實現。

為了獲得政府的支持，他帶著父親寫給傑佛遜總統的信去晉見總統。他向總統指出，美國製造的火藥質量太差，從英國進口的火藥價格又太高，這對美國來說，十分危險。他建議政府能給予他足夠的財政支持，以生產優質火藥。傑佛遜應允提供一切便利，唯獨不能給予他財政上的援助，因為政府向一家私營企業提供財政支援，這在美國歷史上還沒有先例。

身無分文的艾爾只得轉向父親求助。為了獲得父親的資金支援，他費盡心機，極力勸服。飽受挫折的老杜邦儘管相信兒子的話有道理，卻還是不免心存疑慮。最後，他同意出資2.4萬美元，3.6萬美元總投資餘下的部分，他要兒子自己到法國去籌集。

法國之行，使艾爾收穫頗多。他不僅籌到了餘下的款項，而且從法國政府方面得到充分的技術支援和所需的機器設備。

一八〇四年，艾爾・杜邦的首批黑色火藥終於製造出來。它色澤鮮豔、爆炸力強，比美國製造的任何火藥質量都要好；與從英國購買的火藥相比，也毫不遜色。艾爾製造的火藥一面世，便引起了轟動，訂單像雪片般飛來，銷售額直線上升。杜邦工廠的利潤滾滾不斷，艾爾・杜邦的事業由此蒸蒸日上。

把對財富的欲望轉化成對等的實質利益，方法包含六個明確而實際的步驟——

(1)在心中定出所渴望之金錢的明確數目。只說「我想要有足夠的錢」是不夠的。

(2)想清楚你決定以何種付出，贏得你所渴望的金錢（天下沒有白吃的午餐）。

(3)設定你決心擁有這筆金錢的明確日期。

(4)擬訂達成目標所需的明確計畫，並立即付諸行動，無論你是否已有心理準備。

(5)拿出紙筆，寫下一份清楚精確的聲明，上面記載你想獲得的金錢數量、獲得的期限、追求金錢所需付出的代價以及達成目標所要訂出的計畫。

(6)大聲朗讀此聲明兩次，一次在睡前，一次在清晨起床後。朗讀時，試著讓自己看到、感覺到，並相信自己已擁有了這筆錢。

無論如何，你必須確實遵循以上六個步驟，尤其是第六個步驟。也許你會抱怨，在你並未實際得到這筆錢之前，你不可能「看見自己有錢」。但這正是熾烈的欲望所能為你提供的幫助。如果你真的十分強烈地「渴望」有錢，進而將這種欲望演化成魂牽夢縈的意念，你便能毫無困難地使你自己「相信」你會得到它。你的目標是要得到這筆錢，只要不斷強化你想獲得它的決心，就會使你自己「相信」你一定會得到它。

以上六個步驟皆出自美國鋼鐵大王安德魯・卡耐基的親身體驗。卡耐基剛出社會時只是鋼鐵公司的一名普通工人，但他因為努力運用這些原則，最終為自己賺進了遠超過億萬美元的財富。

再者，此處所提及的六個步驟，都經湯瑪士・愛迪生仔細查驗過，他深切肯定它們不僅是積累金錢之所需，更是要達成任何目標者所不可或缺。

這些步驟不需要你辛勞工作，不需要你做出犧牲，也不要求你變得荒謬不實或過度輕信。運用它們，無需受過高深的教育，只須擁有足夠的想像力。這種想像力可使人看出並了解到，積累財富不能只靠機會、緣分和運氣。我們必須知道，所有積累鉅額財富的人，在獲得財富以前，都一定有過某種程度的夢想、希望、期盼、欲望和計畫。

在此，你還要知道，除非你讓自己對金錢產生強烈的「欲望」，並且真的「相信」自己會擁有它，否則你絕不可能成為巨富。

第3章

窮路富出，消滅貧窮的自我

事實上，在生活中，
我們每時每刻都在改變自己。
每一個人的內心深處都希望從生活中獲取更多的東西，
擁有比現在更多的財富。
在自我意識不斷提升的過程中，
我們實現了這種轉變。

1・貧窮是創富的條件

窮人向富人請教：「成為富人的條件是什麼？」

富人的回答是：「首先要貧窮。」

人若是曾被貧窮折磨，對財富的欲望和毅力會比別人強，構想才會不斷湧出，並擁有超群的行動力。正因如此，生命之火燃燒著的每一時刻才顯得彌足珍貴。只有向理想挑戰，開朗而快樂、樂觀而勇敢地生活，才能體現出生命真正的價值。

卡西歐電腦社長杜尾忠雄曾說：「我切身體會到，貧窮是父母所留下來的最大財產。因為貧窮，使人想到要奮發圖強，從身無分文，白手起家，創立事業，最終目的就是要趕快從貧窮中脫離！我以前最常想的就是：要過像樣的生活，吃像樣的食物……」

杜尾忠雄是基於貧窮的原動力，才創立公司，並使之成為東京證券交易所的第一家上市公司，取得了相當了不起的發展。確實，貧窮是成為富翁的主要促媒之一，它是富有之母。

法國大作家巴爾扎克曾經靠借錢度日，日子非常窘迫。年輕時，他事事失敗，一度債臺高築。但這並沒有擊垮他，反而成為他奮發圖強的催化劑。他拚命地進行寫作，終使一部部暢銷書相繼問世，例如《人間喜劇》系列、《高老頭》等。

一、你的的價值由你自己決定

良好的自我心像，對一個人是否成功，占有關鍵性的地位。你認為自己是怎樣的人。就會有怎樣的表現，兩者緊密相關。你覺得自己一文不值，就不可能取得卓越的成就。

成功與快樂的起點，就是良好的自我心像。喬愛斯博士是一位很有名的專欄作家與心理學家。他說，一個人的自我觀念是人格的核心，它會影響人的行為，例如學習、成長與變化的能力、選擇朋友、配偶與職業等等。堅強而積極的自我心像是成功最堅實的基礎。在你真正喜歡別人之前，你必須先接納自己。在你未接納自己之前，動機、設定目標、積極有為的思考等等，都不會為你工作。許多人都未察覺，即使一個未經教育的心靈，也可能擁有無比的潛能。

有一位朋友講了他的親身經歷：「幾年前有一次，我載了一個搭便車的旅行者。待他坐下來，我就知道自己犯了一次錯誤，因為他喝了酒而且很愛說話。他說他剛從監獄裡出來。他因為走私，被判了18個月監禁。我問他是否有任何能在出獄後運用的知識。他馬上回答說，他能夠說出美國每一個州每一個郡的名稱，包括路易斯安納州的佩利詩郡在內。坦白說，當時我認為他在撒謊。我想證明他所說的是否真實。為此，我選擇了卡羅萊納州試他，因為我在那裡住了將近18年。我的這位乘客證明了他真的知道州內所有郡的名稱。」

二、文化程度與你的身價無關

你需要清楚的一個要點是：教育和聰明並不是同一件事。有許許多多成功者僅僅受到很少的教育，卻能在這個高度技術化的世界中獲得重大的成就。所以說，你不能以僅僅受到有限的正規教育為藉口而不思上進。

教育固然重要，但獻身給你的工作更為重要。一個人的工作超過他能力所及，卻激發出他的潛能，他就能闖出一番事業。《馬克盧爾雜誌》的老闆馬克盧爾受一八九三年的經濟恐慌波及，精神幾近崩潰，身體也很不舒服。他去找心理學家德龍曼得，訴說他的苦楚。馬克盧爾是以貧賤起家，每分錢都是他努力賺來。36歲時，他就抱定了辦雜誌求發展的信念。因為經濟恐慌，使他落入瀕臨失敗的邊緣。他向德龍曼得請教，如何才能幫他度過這次難關。他認為自己能力不夠，他所做的事超過了他所能做到的。

德龍曼得是否建議他丟棄一部分工作呢？不！他要馬克盧爾堅持在自己的崗位上勇往直前。他認為，一個人做超過他能力以上的工作，必定能得到最大的成功。馬克盧爾受到鼓勵之後，果然堅強地走出了困境，之後成了當時全美最大的雜誌社老闆。

西北大學的校長沃爾特·司各脫這樣說：「工作過度，並沒有像一般人所猜想的那樣危險或那樣普遍。整天做事並且很有成就，會讓人覺得很安適；而整天無所事事，反而會讓人覺得很吃力。一個人對工作極有興趣，覺得戰勝工作上的困難是一種快樂，比那些以為工作是一種負擔的人還來得輕鬆許多。」

你要比你能做的多做一點，把過多的工作視為一種刺激，盡力促發你的潛能。這樣，你必能得到一種滿足感，覺得你成功了。如果你認為你的工作太繁重了，為此急躁不安，便會把你的精力完全用在著急上而不用在工作上。你要養成富人的態度，覺得做完了工作是一件好玩的事；有份外的工作要做，就更快樂。

2・財富屬於那些追求它的人

什麼人能在事業上獲得成就？回答是：「具有冒險精神的人。」這裡所說的「冒險的人」，是指透過工作完成自我實現的人。想創造財富，卻不敢冒險，不可能如願以償。富人清楚地知道風險在所難免，但他們仍充滿自信地在風險中爭取事業的成功。

何謂風險？風險是由於形勢不明朗，進而存在著失敗之可能的因素。冒風險是知道有失敗的可能，但堅持掌握一切有利因素，相信會贏取成功。風險有程度大小的區別。風險愈小，利益愈大，那是人人渴望的處境。富人會時刻留意這種有利的機會。但他們寧願相信，奉獻愈大，機會愈大。富人不會貿然去冒風險，他會衡量風險與利益的關係。只在他確信利益大於風險，成功的機會大於失敗的機會時，他才進行投資。

風險的成因是形式不明朗。若成功與失敗的可能性清楚地擺在面前，你只需選擇其一，那不算風險。當前面的路途一片黑暗，你跨過去時，可能掉進陷阱或深谷，也可能踏上一條康莊大道，很快把你帶領到目的地，風險就出現了。或停步，或前進，你要做出選擇。前進，可能跌得粉身碎骨，也可能踏上康莊大道。停步，也許得保安全，但也會錯過大好良機，令你懊悔不已。富人事前總是預計到種種可能招致的損失，對自己說：「情形最糟，也不過如此！」然後拼盡所能，去實現目標。即使失敗了，也能坦然面對，無怨無悔。

當代日本作家渡邊淳一曾在札幌大學醫院擔任外科醫生。他拋棄了這穩定的金飯碗，投身於作家行列，冒險上東京。這才建立了他大作家穩固的磐石地位。

靠石油事業，一夜之間成為百萬富翁的人之中，有一位叫保羅・蓋蒂。如同許多幸運的人，他在年輕時也受過許多挫折。幾經挫敗之後，他以500美元的便宜價格購得一個礦區，終於挖出石油。此處一天可生產七千桶石油，所以他立刻變成百萬富翁。當時，周圍的人都以充滿嫉妒的口吻說：「保羅真是太幸運了！」

實際上，石油的鑽探並不是那麼容易，鑽一千口井，有石油的大約只有二百口，而鑽出的石油能夠獲利的只有五口，也就是僅僅0.5％的機率。再加上鑽探一口油井的經費，真可說是淒慘的連續作戰，不單要有資金，更要有勇氣（冒險心）。由這個角度看來，保羅・蓋蒂確有資格成為百萬富翁。

或許有人會說：「不！他只是幸運地挖到了。著手去做成功率低的事，那是有勇無謀。」事實上，當時的鑽油者常想：「遲早總會挖到！」僅從這層意義上來講，的確是太投機了。但保羅的情況不同。當時鑽探石油的人幾乎都不重視所謂的「地質學」，探測師從來都是憑著對土地的實感鑽探石油。為此，他們一聽到地質學，都回以輕蔑的冷笑。聰明的保羅則不只對土地有靈感，也很努力學習地質學，更仔細聆聽專家的意見，儘量蒐集有限的資料，選定礦區。結果，他終能掌握幸運，獲得成功。

保羅・蓋蒂不只有冒險心，他的慎重行事也是他終於成功的重要原因。換句話說，他充分了解冒險心與衝動的不同。他的經驗告訴我們：為了招來財富，冒險精神是必要的，但絕不可衝動。冒險精神與衝動看起來好像差不多，本質上卻天差地別。財富絕不會對懦弱的人微笑。同樣地，它對有勇無謀的衝動派也沒什麼興趣。

一位富人說：「對沒有任何發展前途的事業，投注一生的積蓄，那就是有勇無謀。雖然沒有經驗，心生不安，但向藏有新可能性的工作挑戰，那才是有勇氣的行為。」

從貧窮走向富裕，需要把握機會，而機會是平等地鋪在眾人面前的一條通道。

在我們周遭，許多富人並不一定比較「會」做，重要的是他比較「敢」做。

保羅・蓋蒂成為百萬富翁的事實告訴我們：「風險和利潤的大小成正比，巨大的風險能帶來巨大的效益……幸運喜歡勇敢的人，冒險是表現在人身上的勇氣和魄力。」

冒險與收穫常常結伴而行。險中有夷，危中有利。想要有卓越的成就，就要敢冒風險。有成為百萬富翁的欲望，卻不敢冒險，那又怎能實現偉大的目標？

世上沒有萬無一失的成功之路。動態的命運總帶有很大的隨機性，各種要素往往變幻莫測，難以捉摸。面對不確定的環境，冒險精神是最稀有的資源。管理學理論認為：克服不確定和不完善的最好方法，莫過於組織內擁有一位具有冒險性的戰略家。

在富人眼裡，生產本身對於經商者就是一種挑戰，一種想戰勝別人，贏得勝利的挑戰。所以，在生意場，人人都應具有強烈的競爭意識。「一旦看準了，就大膽行動！」這已成為許多商界成功人士的經驗之談。甚至有人認為，成為富人的主要因素便是冒險，做人必須學會正視冒險的正面意義，並把它看作成為富人的重要心理條件。

關於成功，智者和愚者的差別就在於採取行動的時機——智者早一步，愚者晚一步。準備過頭與準備不足幾乎一樣糟糕。要妥善準備，抓住財富！除非我們採取行動，設法促使事情發生，否則我們的生命就會被逐步侵蝕。

不要被動地等待財富前來敲門，要走出戶外，採取行動，自己主動去敲財富之門。財富就是這樣找到的。

3．現在就去做

任何時刻，當你感到拖延苟且的惡習正悄悄向你靠近，或是已迅速纏上你，使你動彈不得，你都要用「現在就去做」這句話提醒自己。這句話是最驚人的「起動器」。

總有很多事需要完成。如果你正受懶惰鉗制，不妨就從碰見的任何一件事著手。是什麼事並不重要，重要的是，你可以藉此突破無所事事的惡習。從另一個角度說，如果你想規避某項雜務，就應該從這項雜務著手，立即進行。否則，事情還是會不斷地困擾你，使你覺得繁瑣無趣而不願動手去做。當你養成「現在就去做」的習慣，你就已經掌握個人主動進取的核心要素了。

如果你存心拖延、逃避，你就能找出成堆的理由辯解。你何不想一想，為什麼事情不能完成、做不了，為什麼該做事的理由少之又少。把「太困難、太昂貴、太花時間」等種種理由合理化，要比相信「只要我們夠努力、夠聰明，且衷心期盼，就能完成任何事」的念頭容易得多。我們不願許下承諾，只想找個藉口。如果你發現自己經常為了沒做某件事而製造藉口，或是想出千百個理由為沒能如期實現計畫而辯解，那麼，現在正是該面對現實，好好檢討的時候了。別再解釋，動手去做吧！

古語說得好：「千里之行，始於足下。」你可能曾看過某些人在接近人生旅程的盡頭時，回顧一生時說：「如果我能有不同的做法……如果我能在機會降臨時，好好地利用……」這些未能得到滿足的生靈，心中只充塞著數不清的「如果……」他們的生命在真正起步之前，就已經結束了。

「現在就去做！」這念頭可以影響你生活中的每一部分，幫助你去做該做而不喜歡做的事。在遭遇令人厭煩的職責時，它可以教你不推拖。它也能幫你去做你「想」做的事，比如幫你抓住寶貴的剎那。這個剎那一旦錯過，就很可能永遠不會再碰到。

請你牢記這句話：「現在就去做！」

當我們窺見夢想即將成真的曙光，且著手準備促其實現時，可能會覺得這些偉大的夢想著實令人震懾。

這裡要借用某位禪師的話：「要走遠路，先察近處；要成大業，先慎小事。」

另一位禪師也說：「研磨寶石，歷多時才見其減損；栽植樹木，積日久始見其茁壯。」

這兩句話正說明：從小處著手，為成功做準備，終可在大處回收成果。

4．跨出去，別猶豫！

事先準備非常重要。無論如何，第一步一定要做好準備工作。緊接著更重要——採取行動。小心！不要患上只準備不行動的「分析癱瘓症」。我們可能花了大量時間準備旅行，結果卻根本沒上路。應該仔細研究達成願望的最好辦法，並分析自身的處境、長處，必須面對的挑戰，可能遭遇的障礙，以及實現夢想所必須具備的全部條件。

謹慎的人會嚴謹地分析大目標，而列出許多較小且容易達成的單元目標。然後，積累小成就，以取得大成功。如果經過反覆分析，仍然患得患失，不敢付諸行動，就是已患了所謂的「分析癱瘓症」。

分析和準備本身都不是目的，只是達成目的的手段——我們是藉其完成人生目標。千萬不可本末倒置，一味地準備，遲遲不展開追求目標的實際行動。

一種人旁觀事情發生，另一種人促使事情發生。

這個世界上，觀眾已太多，我們需要更多演員，更多實際參與、推動、實行、貢獻和開創的人。

莫耶士就讀於北德州州立大學時，硬著頭皮寫信給總統候選人詹森，自願加入助選團，為詹森爭取德州選票。他勇敢地跨出這一步，使他成為公眾人物。在極短的時間內，他成了美國總統的新聞祕書，然後當上某電視新聞網的評論員，最終成為也許是美國有史以來最有影響力的廣播人。這一切皆起始於一封自我推薦信。莫耶士主動跨出的第一步，也就是「行動」兩個字。

一個人一生中有許多重要的人際或社會關係，皆因他鼓起勇氣，採取主動，遂得以建立。別質疑自己「憑什麼做這件事？」輕易為自己找到脫逃的藉口。假如我們對某項工作已有所準備，就應該著手去做。

由於付諸行動，使我們的準備更加周全，能力也獲得增強，到了最後，我們成為最稱職的人。總之，一旦擬妥了工作計畫，就應該展開行動，加以落實。

生命中充滿了許多機會，足以使你功成名就或一蹶不振。是否要主動爭取，好好利用機會，就得看你自己決定了。除非你付諸行動，否則你將命中注定平庸一生。所以，別再拖延，今天就動手吧！

5．設定成功的目標

地球上每個生物內部都有一個標準的調整裝置。人類同樣擁有這樣的內部調整裝置或指南針。稍有不同的是，人類可以自己設定方向。

一、目標是精神生活的支柱

目標，是一個人未來生活的藍圖，也是一個人精神生活的支柱。

愛因斯坦為什麼年僅26歲就在物理學的幾個領域做出第一流的貢獻？當時，他學習物理學的時間不算長；身為一個業餘研究者，他的時間更是有限。而且，物理學知識浩如煙海，如果他不是運用直接目標法，就不可能在物理學的三個領域都取得第一流的成就。他在《自述》中說：「我把數學分成許多專門領域，每一個領域都能耗盡我們短暫的一生。如果物理學也分成各個領域，其中每一個領域也同樣能吞噬我們短暫的一生。可是，在這個領域，我不久就學會了識別出那種能導致深邃知識的東西，而把其它許多東西撇開不管。比如，把許多充塞腦袋，偏離主要目標的東西撇開不管。」

這種做法有哪些好處？

其一，可以早出成果，快出成果。

其二，有利於高效率地學習，建立自己獨特且最佳的知識結構，並據此發掘過去未發揮的優點，發展獨創性的思想。

這種做法還可使大膽的「外行人」毅然闖入某一領域並得到突破性的進展。

對準目標並非意味著，沒有一點知識，也可以進入創造狀態，而是指，只有在階段時間內集中精力，掌握某一領域所具備的知識，才能快捷地取得成果。

對於你朝思暮想，渴望得到的東西，你應該怎麼辦？

「羅馬不是一天內建成的！」凡是傑出的成就，都是歷經多年努力才能獲得。

諾貝爾醫學獎得主托馬斯・高特・摩爾根說得好：「不要把志向立得太高。太高近乎妄想。沒有人恥笑你，而是你自己磨滅了目標。目標不妨設得近點。近了，就有百發百中的把握。標標中心，志必大成。」

美國著名整形外科醫生馬克斯韋爾・莫爾茲博士在《人生的支柱》中說：「任何人都是目標的追求者。一旦達到目的，第二天就必須找第二個目標動身起程。」

人生就是起跑、飛奔、修正方向。如同開車奔馳在公路上；偶爾在岔道上稍事休整，便又繼續不斷地在大道上奔跑。

旅途上的種種經歷才能叫人真正地陶醉、亢奮、欣喜若狂，因為這是在所擬訂之計畫的控制之下。在你的領域之內大顯身手，全力以赴吧！

二、目標偉大，人生才更偉大

不同的目標，會帶來不同的人生。

在現實生活中，大多是沒有任何成就的普通人。普通人之所以成為普通人，正因為他們未曾規劃任何事情。大部分人對於自己的毫無成就，通常會解釋說，他們並沒有真正失敗，因為他們從未設定目標。這是比較安全而又沒有風險的做法。

人生像是一部腳踏車，必須向上、向前往目標移動，否則就會搖晃跌倒。無論你是醫生、商人、律師或推銷員，都有富裕的人跟你從事相同的工作。一些富裕的人經營服務業，但也有一些服務業的主人破產了；一些富裕的人從事推銷，也有貧窮的人在推銷；有富裕的律師，也有貧窮的律師。這個名單列也列不完。機會首先與個人相關，然後才與職業牽連。只有在個人盡其所能時，職業才會為他提供機會。

不管你做的是什麼，在相同的職業上，已有許多人做過重大的貢獻。使你成功或失敗的不是職業或專業，而是你對自己及職業的看法。偉大的目標應該是：「你必須在偉大之前，先看到它的偉大。」

偉大的目標首先是個長期的目標。缺乏長期目標，你就可能被短期的種種挫折擊倒。理由很簡單——沒有人能像你一樣關心你自己的成功。你可能偶爾覺得有人阻礙你的道路，而且故意阻止你進步，但實際上阻礙你進步的最大敵人就是你自己。其他人可能使你暫時停止，而你是唯一能促使自己永遠做下去的人。

如果你缺乏長期的目標，暫時的阻障就可能構成無法避免的挫折。家庭問題、疾病、車禍及其它你無法控制的種種情況，都可能成為巨大的障礙。

在設定了長期目標之後，不要嘗試克服所有的阻礙。如果所有的困難一開始就解決得一乾二淨，便沒有人願意嘗試有意義的事了。你今天早上離家之前，打電話到交通大隊詢問所有路口的交通燈是否都變綠了，交警可能認為你無聊。你必須一個個通過紅綠燈，走到你所能看到的地方；待你到達那裡，你又能看得更遠。

一般說來，偉大者與接近偉大者的差異就是：前者領悟到如果自己期望偉大，就必須每天朝著目標工作。舉重選手都知道，想成就偉大，就必須每天鍛鍊肌肉。想養育出有教養又可愛的孩子，為人父母者就得時時培養孩子高貴的品格。

每天的目標是品格最好的顯示器——包括奉獻、訓練與決心。偉大的長期目標則可以幫我們實現夢中的理想。

偉大的目標必須堅定。

目標很重要，幾乎每一個人都知道。然而，一般人踏上人生之路，只是朝著阻力最小的方向前進。因而他們只能成為普通人，而不是「偉大的特殊人物」。

偉大的人絕不承認生活是不可改造的。他不可能滿足於他眼前所處的環境。他的不滿意不會使他抱怨、不快樂，反而會激發出他想闖出一番事業的熱忱；而他的所作所為，最終必使他得到他所想要的生活。

三、目標具體化

許多你無法控制的事，你無法預期它何時會介於你跟目標之間。與其無謂地浪費時間，不如取出一張白紙，在上面寫道：「我能，我能，我能……」把你所能做的事及各種目標一一寫在紙上，或浴室的鏡子上。然後在紙張或鏡子下端寫下：我將實現，我將實現，我將實現。這種過程會幫你「徹底地將你的目標融進你的潛意識」，從而設定你的人生方向。

生活中，也許有人會批評你的與眾不同。當然，在人生的過程中，能開啟有價值的生命，從而得到你想要的東西，這是值得的。你對那些批評者大可不必在意。

有人可能會嘲笑你。但是，我要強調一點，嘲笑人的人都是在渺小的世界中喪失了生命中最美好之事物的小人。

儘管渺小的世界都在嘲笑，但偉大的世界中，人們都聚集在哈德遜河兩岸，觀看富爾頓駕駛他所發明的汽船通過；儘管渺小的世界都在嘲笑，但偉大的世界中，人們都在貝爾做歷史性的電話拜訪時凝神傾聽；儘管渺小的世界都在嘲笑，但偉大的世界中，人們都在萊特兄弟第一次乘滑翔機離開地面時揮手歡呼。渺小的世界可能在開始的時候嘲笑你，但我們堅信，偉大的世界中，人們將會在終點歡欣鼓舞地慶祝你的成功。

半個世紀前，洛杉磯郊區有個沒見過世面的孩子，他才15歲，就擬定了一個題為「生命清單」的表格，表上列出：「到尼羅河、亞馬遜河和剛果河探險；登上珠穆朗瑪峰、乞力馬扎羅山和麥特荷恩山；駕馭大象、駱駝、鴕鳥和野馬；探訪馬可·波羅和亞歷山大大帝走過的道路；主演一部像《人猿泰山》那樣的電影；駕駛飛行器起飛降落；讀完莎士比亞、柏拉圖和亞里士多德的著作；譜一部樂曲；寫一本書；遊覽全世界的每一個國家；結婚生孩子；參觀月球……」

他把每一項目標都編了號，共127個。然後，他開始循序漸進地實行。

16歲時，他和父親到喬治亞州奧克費諾基大沼澤和佛羅里達州埃弗洛萊茲探險。

他按計畫逐個實現了自己的目標。49歲時，他完成了127個目標中的106個。

這個美國人叫約翰·戈達德，他最終獲得了一個探險家所能享有的最高榮譽。他不辭辛苦地努力實現包括遊覽萬里長城（第40個目標）及參觀月球（第125個目標）等目標。

戈達德讓人感動之處，不僅僅是他創造了許多人間奇蹟，做了許多有益於人類的事，更重要的是他那種矢志不渝、堅韌不拔的奮鬥精神，那種熱愛生活、珍惜生命的人生態度，以及由「生命清單」而延伸出來的高質量的人生。

效法他！有一天，你會發現自己正是那個走得最遠的人！

四、每日默想目標完成時的情景

你可以朝某個已經定義的方向看去：向北、向南、向上或向下。這樣，你會看到一些你想要到達的目的地。要成為百萬富翁，也同此理。

一路開車往北，沿途會經過許多城市。我們得決定哪個才是我們的目的地。

目的地可能是某一項特定產品，某一條特定的生產線（例如柯達投入立可拍相機的市場），或是某個市場地位（例如，艾維士設定目標，想成為全歐第一，而且持續下去）。方向和目的地的唯一差別只在於，前者的範圍較廣，後者的範圍較狹。一旦決定了目的地，便可以著手檢驗通往目的地的方法。這是探索財富的過程中，更進一步開拓事業生涯的過程。因此，空泛地說：「我需要很多很多錢！」那是沒有用的。你必須確定你所追求的成功，其具體的評價標準是什麼。

是的，必須在能夠達成目標之前，先「看見目標完成」。制定了目標，就應當在付諸行動的同時，每日默想目標實現時的情景；目標一天未實現，就一天不得安寧。相反，如果你心中有了障礙，總覺得目標不可實現，那麼，事實上你就會如此。

生活中有很多人想寫一本書、爬一座山、打破一項記錄或做出一項貢獻。開始時，他的夢想與野心毫無限制。但是，在生活的道路上，並非一切都那麼隨心所欲，他會處處碰壁。

這時候，他的朋友與同事可能消極地批評他，他也很可能受到消極的影響。這也就是為什麼建議你要小心選擇那些跟你分享目標的人。有趣的是，你也可能受到積極之人的「消極影響」。例如，當路易斯成為世界重量級選手時，他一再用「消極的影響」去嚇唬他的競爭對手。他們往往還未上場，就驚駭得全身麻木，成為路易斯震撼式技巧下的犧牲品。當約翰・烏登先生被派往加州大學的巨熊隊任教練時，他的對手就常常受到「消極的影響」，以致在正式開賽之前，許多報紙就已把消息擬好，只等著把比賽分數往上填。這可能就是加州大學籃球隊12年中贏得十次全國錦標賽的原因之一。這也是成功的教練為什麼一再告誡運動員，要打自己的仗、玩自己的遊戲，切不可讓對手強迫自己去玩他的遊戲。

「容易受消極影響」的人，會從「命運的預言家」嘴裡聽到一些消極的垃圾。後者只會送給前者失敗的藉口，而不是成功的方法。

從未設定目標的人，在生活各方面都難以令人滿意。讓我們看看巴比倫成功學院對推銷員所做的忠告：如果你以前從未設定目標，我建議你由一種短期目標開始。選擇你最好的一個月，將百分之幾的業績作為目標。選擇這個月中最好的一天，把它記下來，並保存資料。在最好的一天，寫下你要打破的一個月目標，每天需要達成的平均目標。你的日平均目標數字會比你最好一天的目標數字小得多，所以你有信心去達成一個月的目標。在你轉到第二個月的目標之前，先達成第一個月的目標，這是很重要的。

達到每月目標之後，可以把該目標乘以3，再加10%，作為季目標。這次保存最好一週的記錄，然後把季目標除以13，所得的數字即為每週的平均目標，亦即每週能達到這個數字，就能打破季目標。實質上，你的每週平均值低於你最好一週的數字。但是，只要維持平均值，你就能達到目標。

達到季目標時，你就把季目標的結果乘上4，再加上10%，作為年目標。這10%是合理且可以達到的，實質上能增加不少業績。基本步驟跟以前相同：取出你最好的一個月，大膽地寫在一張卡片上，然後求出達到年目標，每月需要做到的平均值。每月的平均值必定遠低於最佳一個月的數字。所以，你應該很有信心完成這項工作。

需要注意的是：把目標清清楚楚地寫在一張或多張卡片上，以便於閱讀每一行中的每一個字。將這些卡片保存好，隨時帶在身邊。每天都要複習這些目標。請記住：行動至上。

當世界上最長的火車靜止不動時，在它的八個驅動輪前面放一塊小小的木頭，就能使它永遠停在鐵軌上。同樣的火車以每小時50公里的時速前進時，卻能貫穿5呎厚的鋼筋混凝土牆壁。這就是你的寫照。請現在就開始展現行動的勇氣，衝破介於你跟目標之間的種種阻礙與難關吧！

五、排除干擾，全力聚焦於你的目標

試著做這樣一個小遊戲：把放大鏡提到離報紙有一小段距離處。放大鏡移動，永遠也無法點燃報紙；放大鏡不動，它的焦點對準報紙，利用太陽能的威力，報紙就會燃燒起來。這個遊戲說明，不管你具有多少能力、才華或能耐，若你無法管理，將它聚焦於特定的目標，你就永遠無法挖掘出你的內在潛能，取得成就。

你將來想成為一個什麼樣的人？如果你對目前的你並沒有覺得不滿意，你便不會試圖改進，也就不可能擁有更為光明的理想。但是，如果你以為有了理想便滿足了，把理想作為實際生活中失望時的一種安慰，那就錯了。理想的作用是因它能以現在的事實襯托出將來的可能性。如果你自滿於這種理想上的成就，那麼這種理想便是你進步的障礙。美好的理想必須同時有一種想改革現狀，使之接近於理想的動力相伴隨。

理想可以作為一種刺激，因為理想可以把你的現在和將來的區別擺在眼前。理想對於人，應當是一種挑戰，催促你改進現況。如果你只是空想著成為一個大人物，或是以為自己已經是個大人物，那麼你永遠不會有所改進。

然而，應當怎樣前進呢？

聰明的人會在起程之初劃出路線圖，照著路線，從他現在的地位達到他想要得到的地位。他會在中途樹立許多小目標，向最近的目標積極前進，因為小目標可以在比較短的時間內實現。達到這個小目標，覺得有了進步，他必會感到很高興，然後休息一會兒，又鼓起勁來，豎起第二個目標，再次前進。

最後的大目標距離很遠，恐怕只能隱約看見。拿破崙曾說：「一個人只曉得要往何處去，不會走得很遠。」你要時時注意眼前的步驟——如何越過石頭，如何跳過溪流，如何繞過山腳，如何避免從絕壁上滑下去。最後的目標可使你不致迷失路徑，好像指南針一樣。不過，如何爬山，要靠自己努力。

大事業之所以成功，是因為已徹底解決了眼前的問題。有時候，徹底解決了一個問題，還可能引出意外的結果。

貝爾是否在一開始就以發明電話為目標？並非如此。如果等他有了這種理想再去發明，恐怕他就不會成功了。他之所以發明電話，是因為他努力於另一個不同的目標。

最初，貝爾在一家啟聰學校當教員。在那裡，他和他的一個學生結了婚。幾年後，他試圖透過許多實驗，發明一種用電的工具，使他的妻子能夠聽見聲音。就在他進行種種實驗之際，偶然之間發明了電話。

這當真是一種偶然嗎？不然！這實在是因為他對擺在眼前的問題能夠徹底研究。他並不是呆坐著夢想成為一個大發明家。他只是專心地工作，決心解決擺在眼前的問題，直到解決了才肯罷休。

一個目標應當作為一種指南，引導你決定是否換工作，應該把精力用在何處，以及其它枝節問題發生時如何應付。目標是前進過程中的指南，也是最終到達的地點。

你向前瞻望，等你到達目標，便可退休了嗎？果若如此，你就不可能成為一個偉大的人物。這樣做，只能使你生命中絢麗的火焰迅即消失。

人生的意義在於做事，在於不斷進步。閒坐著默想自己的成就直到老死，實在是個大錯誤。偉大人物總是直到精疲力竭了才肯放手，不管他以往的成就如何。

人類的願望源於不滿足。不滿足是表示你需要更好的東西。你要注意這種標記，因為它可以催促你朝更好的方向前進。

不可怨天尤人，把你的不幸歸咎於別人或外界的環境。你應當讓你的不滿激發你自己，建構一種更廣闊的人生觀。

志向並不是一種天賦的祕密。你應當想像將來的種種發展，繼而發展你的志向。不可做一個空泛的夢想家，要曉得如何切實前進，從現在的地位，朝著你想要達到的地位前進。要認清你自己。「你將來想成為何等人，先要看看你現在是何等人。」

目標能刺激你把現在的工作做好。只有把眼前的問題解決了，你才能夠繼續前進，向著目標行動。

六、不斷修正目標

如果一個人過度沈浸於自己理想中的目標，忘卻了現實情況，就會時時產生一種錯覺——自己離目標更近些了。這很容易造成他的自滿，使他忘卻眼前的工作。

一個高目標不可掩蓋目前的需要。固然，一個人知道往何處去很重要，知道自己與那些目標的距離也很重要。但同時也必須訂出一套確實的計畫，依著計畫，由現在的地位前進，以到達目的地。至於前進的速度，並不像一般年輕人所想像的那麼重要。重要的是：你現在所做的事，是否能幫助你達到最後的目的。

許多大人物從一種工作換到另一種工作，是因為他們自覺已走上不通之路。大人物的眼光能看到一種情況發展的可能性，也能看到它的閉塞處。安德魯・卡耐基如果不是看到另有一種較大的發展，恐怕他一生還在鐵路上做事。他為了實行他的計畫，堅決辭謝了賓夕法尼亞鐵路管理局升他為副總管的機會。這並不是一種任性的見異思遷。他是想開創更大的發展，而他覺得在賓夕法尼亞鐵路局做事不能達到他的目的。

你要試走幾條路，才能到達你真正想要到達的地方。你必須調換幾種工作，或回頭望望。但是，你這種改變必須根據以往的經驗並且經過周延的考慮。你的改變不能源於你喜好變動，或是因為你對目前的工作產生了畏難情緒。

志願由不滿而來。有這種起始，便會引發一種夢想，接著便是勇敢地努力把現實和夢想中間的鴻溝填平。

偉大人物並不是空泛的夢想者。他們將來的志向是根植於確定的事實上，他們是著眼於有目標的夢想，途中他們產生不滿，因不滿而刺激他們加倍奮鬥以求成功。

6·排斥財富的心魔

希爾博士說：「無論你是誰——年齡大小、教育程度高低、職業是什麼——你都能夠招來財富，但也能夠拒絕財富。」你可能在心裡說：「這是老生常談嘛！我願意看這本書，當然是歡迎財富，哪會拒絕財富！」真的嗎？那麼，請看一看你自己有沒有以下這些消極心態——這些排斥財富的心魔——

(1)憤世嫉俗，認為人性醜惡，時常與人為忤，因此缺乏人和。

(2)沒有目標，缺乏動力，生活渾渾噩噩，有如大海漂舟。

(3)缺乏恒心，不懂自律，懶散不振，時時替自己製造藉口，以逃避責任。

(4)心存僥倖，空望發財，不願付出，只求不勞而獲。

(5)固執己見，不能容人，缺少威信，社會關係不佳。

(6)自卑懦弱，自我壓抑，不敢信任本身的潛能，不肯相信宇宙智慧。

(7)或揮霍無度，或吝嗇貪婪，對金錢缺乏中肯的看法。

(8)自大、虛榮、傲慢，喜歡操縱人，嗜好權力遊戲，不能與人分享快樂和榮譽。

(9)虛偽奸詐，不守信用，以欺騙別人為能事，以蒙蔽別人為雅好。

如果有以上九種「心魔」，就表明你已經有不少消極心態在阻礙你的創富之路。

以下兩項則是最嚴重的消極心態——

(1)過分謹慎，時常拖延，不能自我確定，不敢當機立斷。

(2)恐懼失敗，害怕丟臉，不敢面對挑戰，稍有挫折即退縮。

為什麼這兩項是「最嚴重的消極心態」？前述各項「心魔」的確很厲害，足以「阻延」和「拖垮」一個人的創富之路，這最後兩項卻會令人意志消沈、態度消極，完全不想嘗試；縱使偶有發財之念，也無膽量想下去，更別說去做計畫、採取行動。有著這些消極心態的人，可能嘴巴說希望發財，心底裡根本不相信自己會有發達的一天！

有這樣的消極心態，他們的「自我形象」只能是一個「普通人」，甚至是一個「窮人」。潛意識完全被這種負面的「自我形象」掩蓋了，如何能走出創富的第一步？

一個充滿消極心態的人，不只會抗拒好運，更會不自覺地吸引厄運。生命就是潛意識的投射，如果你的潛意識盡是怨憤、恐懼、嫉妒、不和，你的生命就會「不由自主」地「呈現」這種狀態。

希爾博士說：「人類一切精神與物質的成就，都是先由人的心靈構思出來，然後由信念實踐的結果。」

第 4 章

培養富有的習慣

《富爸爸，窮爸爸》的作者羅伯特・T・清崎說：

「有些習慣讓你致富，有些習慣讓你貧困。

很多人貧困終生，就是因為他們有貧困的習慣。

如果你想致富，你所要做的就是培養一個富有的習慣。」

1．珍視時間的價值

無論我們生活的世界多麼不公平，至少每天24小時的時間對每個人是絕對公平的。對於那些成功者而言，對時間之價值的珍視是取得最大財富的必要保證。

一、訂出每日的工作計畫

足球教練總會在賽前向隊員細緻周密地講解比賽的安排和戰術。當然，事先的計畫並非一成不變。隨著比賽的進行，他會根據賽情，做某些調整。但重要的是，開始前一定要做好計畫。

你最好為你的每一天和每一週訂個計畫，否則你就只能被迫按照不時放在你桌上的東西去分配你的時間。也就是說，完全由別人的行動決定你辦事的優先與輕重次序。這樣，你早晚會發覺，你犯了一個嚴重的錯誤——每天只是在應付問題。

請記住，沒有任何東西比事前的計畫更能促使你把時間集中運用到有效的活動上。研究結果證實了一個反比定理：當你做一項工作時，你花在制定計畫上的時間越多，做這項工作所花的時間就越少。不要讓一天繁忙的工作把你的時間計畫表打亂。

二、按日程工作表行事

為了更有效能地實施你的計畫，建議你每天保持兩種工作表，而且最好寫在同一張紙上。這樣可一目瞭然，又便於比較。

在紙的一邊或記事本上列出某幾段特定時間要做的事，如開會、約會等。在紙的另一邊列出「待做」的事項——把一天內要完成的每件事都列出來。然後再審視一番，排出優先順序。表上最重要的事項標上特別記號。你必須排出一、二段特定的時間，辦理標出特別記號的事。如果時間允許，再按優先順序，儘量做完其它工作。不要事無巨細地平均支配時間，卻必須留下足夠的時間處理突發事項，以免因小失大，因為完不成主要工作而懊惱泄氣。

日程工作表　　**年　月　日**

⊙要完成事項	⊙待做事項

「待做事項表」有一項很大的缺點：我們通常根據事情的緊急程度排定它，其中有些事項很重要，有些並不重要。它通常不包括那些重要卻不緊急的事項，諸如你要完成但沒有人催你的長遠計畫中的事項和重要的改進項目。

因此，在列出每天的「待做事項表」時，你一定要花一些時間審閱你的「目標表」，看看你現在所做的事是不是有利於你要達到的主要目標，是否與其一致。

在結束每一天的工作時，你很可能沒有做完「待做事項表」中的事項。不要因此而心煩。如果你已經按照優先次序完成了其中幾項主要工作，就合於時間管制的要求。

需要特別提醒的是：如果你把一項工作（它可能並不十分重要）從一天的「待做事項表」移到另一天的工作表，且不只一兩次，這表明你可能是在拖延此事。這時你要向自己承認，你是在打馬虎眼。你不可再拖延下去，而應立即想辦法處理並著手去做。

你最好在每天下班前幾分鐘擬訂第二天的日程工作表。對那些成功人士來講，這種方法是他們做有效的時間管理計畫時最常用的。如果拖到第二天上午再列工作計畫表，那就容易做得草率，因為那時又面臨新一天的工作壓力。這種情況下排定的工作表上所列的常常只是緊急事務，而漏掉了重要卻不一定是最緊急的事項。帕金森教授說得不錯：「紛繁的工作會占滿所有的時間。」

避免帕金森定律產生作用的辦法似乎很明顯：為某一工作訂出較短的時間。也就是說，不要將工作戰線拉得太長。這樣你就可以很快地把它完成。這就是你為什麼要定出每日工作計畫的目的所在。

2．改變行為模式

要向好的方面改變，就必須常常與那些多年養成的習慣進行抗爭。改變你的行為模式，有兩種方法：一種是強迫自己按照新設計的行為模式去做，直到這種模式成為你的一種習慣為止；另一種是利用獎勵辦法，使自己逐漸形成一種新的習慣。

如果你要徹底改變你原有的行為模式，就得認真採取一些對策，以幫助你自己加強或消除某些習慣。你最好畫出一張對數表，以利於你正確地評估你的進度。

大多數人都會認識到很重要的一點：任何事後可以使我們感到愉快的行為，往往會鼓勵我們加緊去做，而且更有可能再度去做。你可以從別人那裡得到鼓勵，也可以給自己某種獎賞，進行自我激勵。它可以是一些實物——一片口香糖、一杯水、一些點心；也可以是允許你自己去做的某件事——休息一會兒、早一點兒下班，或買一雙鞋子等等；它也可能是你向正確方向每邁出一小步時心中的自我撫慰。

這裡有兩點必須注意：

第一，為懈怠而自我處罰，不如為成功而自我獎賞來得更加有效，因為積極的鼓勵是使人改變行為模式最有效的方法。

第二，你要為每一次「小」的成功獎賞自己，而不要專等「大」的成功。例如，在填所得稅申報表，很快就因厭煩而停止下來時，你不要因為沒有填好表格而處罰自己，反要因為已經著手而獎賞自己。再次填表時，再獎勵自己一次。

也要注意，一旦你開始做某項工作，就要把它做好，不要半途而廢。當然，如果工作一環套一環，因而不能一次做完，這項建議就不大適用。那你該怎麼辦？

很簡單，你可採用各個擊破法。把這件工作分解成若干分段，用文字記錄下來，然後強迫自己完成一個工作段後再間歇一下。這樣，每告一段落，你就不致覺得頭緒紊亂，而會感到離大功告成不遠了，隨時都可以鼓足勁頭幹下去。你每前進一步，就有完成某一件特定事情的感覺，並且十分清楚自己下一步該做什麼。接著再做，你就不需要重新理出頭緒，也就不會白白浪費時間和腦力了。

把工作分成若干環節或若干段落去做，你就會養成所謂「強制完成」的良好習慣，每天省下很多時間。

如果拖延是你行為模式中的主要問題，那你就改變行為模式，不要再拖延了。

具體改變行為模式的有效方法有以下三個——

(1)分階段實施法。
(2)平衡評估表。
(3)養成有系統的習慣。
下面我們具體分析一下這三種方法，並看看如何去使用。

一、分階段實施法

當你發覺自己正在拖延一項重要的工作時，你可以儘量把它分成許多小而易於立即去做的段落，而不要強迫自己一下子完成整項工作。你要做好表中所列的許多「階段工作」中的一項。例如，你已經拖延很久，不去打一個你應該打但可能會令你不愉快的電話。在這種狀況下，採用「分階段實施法」，你就可以這樣做——

(1)查出電話號碼，並且寫下來。
(2)定出一個打這個電話的時間。（要求你立刻去打電話顯然超出你現有的意志，因此，讓自己輕鬆一下。但是，要有個補償，那就是堅定地承諾在某一時間打這個電話，並且把這個時間寫在你的桌曆上。）
(3)找到一些相關資料，看看這個電話到底與什麼事相關，究竟是怎麼一回事。
(4)先在心裡想好自己要說些什麼。

(5)打這個電話。

如果這是一件重要的工作，細分的階段也很多，那就排一個詳細的計畫表。但是，要使每一件細小的工作簡化便捷到可以在幾分鐘之內做好。這樣，當你正等著與人會談，或正在等電話，這等待的幾分鐘，你就可以解決一兩項立即可做好的小事。沒有這張工作分段表，你可能永遠不會著手去做這件大工作。

請記住：這項工作的第一階段——第一件可以立刻去做好的小工作——就是用文字列出整個工作進程中的許多分步驟。

「分階段各個擊破」的原則不只可以用在作戰計畫之中，也可以用於工作之上。只要你動動腦筋，任何事都可迎刃而解。

二、平衡評估表

使你脫離困境的另一個好辦法就是：用文字分析你所要做的事。

在一張紙左邊列出你拖延某一件工作的所有理由，右邊則列出你著手完成這件工作可能得到的所有好處。

這樣對比之後，效果會極度驚人。在左邊，你通常只能有一兩個情感上的藉口，諸如「這會遇到尷尬的場面」、「我會覺得很無聊」等等。反之，在右邊，你可以列出許多好處，其中第一個好處就是完成一件令人不愉快的工作所帶來的解脫感。

工作平衡估量表

年　月　日

⊙拖延的理由	⊙完成工作的好處

這種效果表現得非常快速而富於戲劇性。你會從懶惰中清醒過來，並開始工作，獲得你表中所列的許多好處。

三、養成有系統的習慣

第三種方法，也是最基本的方法，是基於我們認識到不能立刻採取行動。並不是因為這件工作有什麼特別的困難，而是我們已經養成了拖延的習慣。拖延很少是因為某些特定事項，通常是由一種根深柢固的行為模式所導致。如果我們能夠改變我們的思維模式，前面的兩個方法就不很重要了。

這個事實非常重要。那些辦事效率高和辦事效率低的人，最大的差別在於——後者習慣這樣想：這件工作雖然必須做，但它很令人不愉快，因此我要儘量把它擱著。前者則習慣於這樣想：這項工作辦起來雖然會令人不愉快，卻必須做，因此我現在就要把它辦好，好早一點兒把它忘掉。

很多人一想到要改變某種根深柢固的習慣，就感到不自在。他們已經努力過許多次，以意志力量改變這樣的壞習慣，結果都失敗了。其實，這種事並不困難，只要你學會採用合適的方法。

美國心理學之父威廉·詹姆斯有一篇談習慣的著名論文，文中提出一種辦法——這篇論文刊登在一八八七年的《大眾科學》雜誌上。後來的行為學家經過研究，也確認這個辦法有效。如果我們將它應用到改變拖延的習慣上，這個辦法大致是這樣的——

一、你受到我們所說的這些觀點激勵時，就立刻決定改變舊習慣。迅速採取這第一步極為重要。

二、不要試圖一次做太多事，想一下子就完全改變自己。現在只要強迫你自己去做你所拖延的事情之一。然後，從明天起，每天早晨，一開始工作就做「待辦事項表」上最重要的一項。對於最重要的事項，我們應該分配一段特定的時間去做。最令人不愉快的事通常只是一件小事，如——

(1)你早就想說出的道歉；
(2)你一直沒有和你的一位同事面對面澄清的問題；
(3)你早該解決的一項令你厭惡的雜事。

不論它是什麼，你一定要在你拆閱信件、回撥昨天留下的電話，或辦理你每天早晨的例行工作等等之前，把這件小事情解決掉。

這個簡單的辦法很可能會決定你一整天的心情。雖然花了15分鐘，但你已經辦好你一天必須做的最令你不愉快的事。你會產生一種輕鬆愉快的感覺。幾天後，你就會養成一種終生不變的習慣，這正是行為學家所稱道的自我加強的行為——這種行為會給你帶來實質性的獎賞，從而鼓勵你繼續朝著好的方向轉變。這也正是嬰兒學習站立的途徑。嬰兒從站立中獲得的成功感，加強了他完成第一次站立所進行的各種動作，這些動作程序不久就變成第二天性。同樣地，「現在就做」的習慣也可以變成你的第二天性。

雖然你一天只強迫自己照這個辦法做一次，但你不久會發覺，這將影響你一整天的決定。別人每交給你一項不愉快的雜務，你都會渴望把它先解決掉，好迅速得到解決此類工作之後的那種愉快感。

這個辦法的妙處是：它改變了你對雜務的心理感受，因而在你面前不再有任何你根本不打算去做的事。你打算去做那種雜務，否則你不會把它列在你的「待辦工作表」中。這個辦法會使你輕易地把這件工作列為第一項，而不是第五項或第十項。

⑶你要接受一項忠告——在你的新習慣逐漸固定形成的這段時間，尤其在頭兩個星期，你必須特別小心，不容自己出現任何例外。

威廉・詹姆斯以繞線球做比喻：線球滑落到地上一次，就可以毀掉許多次的努力。因此，你只要連續兩週，在每一天的頭幾分鐘嚴格地約束自己，保證你會養成一種無比寶貴的新習慣。

現在就請你接受這個辦法，並開始照著去做。

列出時間記事表。時間記事表是控制時間最有效的工具之一。不要把填寫這種表當成例行公事。它是一種自我診斷與自我指導的方法。每隔幾個月，特別是當你辦事效率減退時，就用這種方法提高你的辦事效率。使用這種記事表，比表面看起來容易得多。

製作一張每日時間記事表，根據你自己的狀況，不斷加以修正。這種表可以包括兩類：一類是「活動事項」，另一類是「活動目的」。把一天的辦公時間按每15分鐘一個時間段進行劃分，並且按照需要，在「附注」欄中注明你實際完成的情況。

你可以把這張表放在一邊的架子上，不使用的時候就看不到它，然後每半個小時左右（不得超過一小時）填寫一次。一天積累下來，填寫這張表大概只要三、四分鐘。但是，它產生的效果極為驚人。

你會發現，你以前根本說不清楚你的時間究竟都用到哪裡去了。你的記憶力在這方面是不可靠的。我們往往只記得一天中最重要的事，也就是完成了某些事情的時刻，而忽略掉我們浪費或未能有效利用的時間。瑣碎的事項、小小的分心都不太重要，我們記不住。但這些正是我們最需要辨明並加以修正之處。

每日時間記事表

⊙時間	⊙活動事項	⊙活動目的	⊙附註
6：00～6：15			
6：15～6：30			
6：30～6：45			
……			

填寫這張表，兩三天之後，你會驚訝地發現，你有很多地方必須改進。例如，你可能會發現你以前竟然花了那麼多時間用於閱讀貿易刊物、報紙、報告等等，因此想找出一個辦法，減少用於這方面的時間。你也可能會驚訝地發現，你竟然花了那麼多時間用在赴約的路上，因而會想辦法改進行程表，一次去幾個地方，或多利用電話。你還可能發現你計畫中15分鐘的喝咖啡、休息時間竟延長到40分鐘（從辦公桌到咖啡店的來回）。花40分鐘或許值

得，但唯有你從文字記錄中確實看出你究竟用了多少時間之後，你才能夠判定是不是值得花那麼多時間。

最重要的是，你會更驚訝地發現，你實際上居然只用了一點點時間做你認為是最優先的事。和你東奔西走地處理那些次優先的事務相比，你用於計畫、預估時間、探尋和利用機會，以及努力達到目標的時間真是太少了。時間記事表具有在早晨把冷水潑在你頭上的效用，一時間會使你感到不愉快，卻能使你清醒過來，並重新振作。

我們每個人都要自律，要繪製或填寫時間記事表。一旦你真正做到了，保證你會得到一些驚喜——

⑴幾天之內，你只需花遠比你想像中少得多的時間填寫記事表。

⑵它一定會為你更加合理地使用時間，指出重要的改進途徑。

今天就開始制定一張時間記事表吧！

四、珍惜時間，把握今天

珍惜時間，最重要的是——把握今天。一位良好的時間管理者應該認識到：今天是我們唯一能夠運用的時間，一定要合理支配。過去已經一去不回，明天則全然未知。世界上每一件事的完成，都是由於某個人或某些人認識到了這一點：只有今天是行動的唯一時間。

珍惜今天，這對大多數人似乎已是一種常識。但是，可以肯定地說，我們大多數人很少能夠完全把握這一不言自明的真理。

十九世紀的蘇格蘭作家、歷史學家及哲學家卡萊爾曾說：「我們的主要工作不是去做遙望未來，無法看清楚的事，而是去做好目前手頭上的事。」十九世紀的英國散文家、批評家和社會改革家羅斯金把「今天」這兩個字刻在一小塊大理石上，放在桌子上，以便經常提醒自己。讓我們重提一次前面那位哲學家的名言吧——

昨天是一張過期作廢的支票，

明天是一張尚未兌現的支票，

今天是可以流通的現金。

好好珍視時間、運用時間吧！

3．迅速而有效地做出決定

那些效率低下的組織，造成他們困境的原因往往是人為因素，如過多的會議、討論、瓶頸現象、工作環境等。成功者都具有一種良好的習慣——迅速而有效地做出決定。對於生存於競爭激烈中的現代人來講，就應該培養這種良好的習慣。

一、善用電話會議

有些公司或單位動不動就召集會議、舉手表決、無休止地討論……其實，這些程序完全可以透過電話會議而加以避免。

如果你不知道這種做法（確實有很多人不知道），讓我們告訴你：「電話會議」是利用電話與在任何地方的人舉行會議。你可以透過一些技術手段，把要參加會議的那些人的名字和他們的電話號碼連接起來，這樣就可以舉行一次電話會議了。當然，如果你把要談的事項事先告訴參加會議的人就更好了，因為他們到時候一定會在場，而且可以事先準備一下。

很多大型公司想到了將位於不同城市的分公司聚集在電話中舉行會議，卻常常忽略了，這個辦法同樣可以用於召集同城市的許多人舉行會議。例如，你想組織一次家長教師聯誼會，以便和執行委員會簡單地討論幾個事項。如果你召集一次面對面的會議，很可能會把每一個與會者整個晚上的時間都耗費掉了。反之，舉行一次電話會議，就能夠以很少的代價，在幾分鐘之內辦好你要處理的事情。

電話會議還有一個好處：當人們知道他們要按分鐘計時付費的時候，就會事前做一番準備，在討論中也不會盡說些沒有意義的話。

二、打破「瓶頸」現象

造成「瓶頸」現象的原因可能是猶豫不決、懶惰、優先次序不當、頑固或要求過分。這是管理時遇到的最大問題。如果你是一位「瓶頸」管理者，你浪費的不僅僅是你個人的時間，還包括一群人的時間。

典型的「瓶頸」，大多由類似下面的這些人所造成——

(1)對於新辦法不置可否的高級管理人員。

(2)核定下一項計畫之前，舞文弄墨的官員。

(3)未及早安排聚會，使得布置場地者沒有足夠的時間布置好場地的俱樂部委員。

(4)喜歡在打字形式上吹毛求疵，常常要求信件重打的老闆。

(5)習慣拖到最後才確定論文題目的教師。

(6)要下屬每事必問，問時又找不到他的老闆。

「瓶頸」現象的造成，固然可能是由於某個人要做的事太多，但也可能是由於某個人沒有足夠的事可做。後者會堆積起一大堆文件資料，使別人（常常是使他們自己）認為他們很忙。對付這些人的方法，是給他們更多而不是較少的工作，並且訂下完成的期限。這個辦法會像疏通堵塞的管子一樣，發揮出驚人的效果。

我們要找出「瓶頸」的所在。第一個要找的地方是辦公桌、「待處理」的卷宗、「待辦事項表」。你一定要記住：「瓶頸」常常是在瓶子的上端。所以，趕快把你辦公桌上的文件處理乾淨，盡速轉移到另一個人的桌子上。

三、懊悔——是更大程度的浪費時間

沒有什麼事比懊悔更浪費時間了。

紐約一位著名的精神科醫師在即將結束他一生的職業生涯時指出，他發現，幫助病人改變生活，最有用的觀念是他所謂的「四字真言」——「如果」與「下次」。

他說：「我的病人很多都是把他們的生命花在過去，為他們在許多狀況中沒有做到的應該做的事而身心痛苦。例如——

・如果我為面試多準備一下就好了……

・如果我把我真正的感覺告訴老闆就好了……

・如果我接受過會計訓練就好了……

「一個人若沈溺於悔恨的大海之中，情緒就會嚴重萎縮。克服這一問題的辦法很簡單，從你的言語中消除『如果』兩字，而用『下次』取代——

・下次我要好好準備……

．下次我要說出我想說的話……

．下次有機會，我要接受訓練……

「實行這個簡單的方法直到養成習慣為止，永遠不要重提你過去所犯的錯誤。當你發現自己仍在想著過去的錯誤，要忠告、激勵自己：『下次我要用不同的方式去做。』你會發現，這句話將關閉為過去而悔恨的大門，使你脫離長久以來的困擾，把時間和精力集中於現在和將來。」

四、讓心靈保持寧靜

人的心靈需要安靜、獨處與和平的時間，以緩解競爭的壓力，減低由家庭和朋友所帶來的煩惱，體驗寧靜的治療作用。

在如此繁忙的世界，怎樣才能找到這樣的時間呢？其實，就跟你找到時間去做生活中其它值得做的事一樣：你應該制定出一個計畫，以保證能夠挪出這樣的時間，然後遵守這個計畫，而且必須天天遵守。

有一種方法叫「超自然默想」：每天靜坐兩次，每次20分鐘，閉起雙眼，讓心智任意神遊，同時重複默念梵文「曼陀羅」。很多實驗過「超自然默想」的人報告說，這樣訓練的結果使他們更為機敏，緊張也大為緩解。而且在默想時會發生某些生理現象，包括氧氣消耗、腦波及血乳酸鹽的改變。用「超自然默想」獲得的益處是不是也可以用其它方法獲得，這還是一個有待研究的問題。但正如一位批評這種「超自然默想」的人所承認的：「它能夠使我們『停』下來幾分鐘，這樣的事總不會是壞事。」

但是，其它方法還是可以使我們「停」下來。如果你信教，當你祈禱，或在教堂、家裡進行宗教默想時，內心也可以獲得同樣的平靜。如果你每天早晨比你的家人早起，至少有一個好處——你可以獲得幾分鐘獨處和內省的時間。有些人在公園裡，甚至在停下來的車子中獨自靜坐幾分鐘，也可以使他們恢復內心的平靜。

不論你用什麼方法，都要想辦法每天找出一段時間，讓自己的心智擺脫競爭的忙亂，退一步，向前看看，自己究竟在做什麼。這可以使你更加客觀地面對自己，也能為你繼續工作掃除掉生活中的灰塵。

4．行動之初，設定最終目標

成功的人最明顯的習慣之一就是：他們往往在行動之前，就清楚地知道自己要達到什麼樣的最終目標。根據這一目標，切實將某些事一一付諸實施。

一開始心中就設定最終目標，最根本的一點是，從今天開始，就要把你生命最後的景象、圖畫或模式作為檢查其它一切的參考物或標準。你生命的每一部分——今天的所作所為、明天的所作所為、下週的所作所為、下個月的所作所為——都可以從整體加以檢查，從什麼確實對你最重要加以檢查。只要明確地記住最終目標，你就能肯定，不管哪一天幹了哪一件事，都不會違背你所確定的最重要的標準，你生命中的每一天都會為你設想的終生目標做出最有意義的貢獻。

一開始心中就懷有最終目標，意味著一開始就清楚地知道自己的目的地，知道自己現在在哪裡，邁出的每一步總是朝著正確的方向前行。

陷入事務性的圈子，為生活忙忙碌碌，在成功的階梯上每天奮力攀登，到頭來卻發現梯子靠錯了牆。這種情況太平常了。為此，你可能很忙，但你生命的成效並不高。

人們發現自己取得的勝利毫無價值，是在他們忽然意識到他們為勝利犧牲了對他們來說重要得多的東西。各行各業的人——醫生、律師、演員、政治家、企業專業人員、運動員和監工——常常為得到更高的收入、更多的承認或某種程度的專業能力而奮鬥，最後發現他們的追求使他們忽視了真正對他們最重要的東西。然而，為時已晚。

如果我們真正知道什麼對我們更為重要，並且把它牢記在心上，每天的一言一行都以什麼對我們最重要為基準，我們的生活會發生多大的變化啊！如果梯子靠錯了牆，那麼我們每走一步就向錯誤的地方接近一步。我們可能很忙，可能「效率」很高。但只有一開始心中就設定最終目標，才會產生真正的「效率」。

一、善用目標管理

「目標管理」這個術語是由著名的經濟學家和管理學家彼得・杜拉克所創造。今天，這個術語已成為全世界商界領袖的共同辭彙。

目標管理是依照特定目標而不是依照程序和規定進行思考。這個觀念鼓勵人們問——

・我們究竟要努力做什麼？
・我們為什麼做這件事？
・有沒有更好的途徑？

而不是問——

・這是遵照單位的政策嗎？
・這是上面要我們做的嗎？
・這是不是能使我們的部門雇用更多的人，擁有更大的權力？

確定目標，以及分配時間去從事最能達到這些目標的活動，是任何機構求得效力的要訣。勞倫斯・彼得解釋道：「缺乏一個正確的目標，管理方面一個典型的反應是增加輸入——雇用更多的人，驅使員工更辛苦地工作，提升員工的工資。缺乏目標以確定程序，個人就可能只會增加輸入，忙於做些意義不大的活動，卻做不成任何事。」

許多人和機構很容易只忙於程序方面的事。推銷員一再拜訪早就沒有生意做的老顧客；主管只根據下屬給他帶來多少麻煩，而不是根據他們有多少看法評價員工，或只要求大量的文字報告，自己卻不去看看實際的進展情況。類似這樣的人，既浪費自己的時間，也浪費別人的時間，因為他們沒有關注自己最終的目標；他們只想要大家忙個不停，維持一種制度，以粉飾表面。

艾希指出：「目標管理不是一大堆報告，不是一連串會議；那是一種新的管理風格，不是新的程序。」這是那些要從投注的時間裡獲得更大效果的人所展現的風格。

二、制訂目標的實施期限

很多人只要加上一點點壓力，就會把工作做得更好。自我設定期限就可以提供你所需要的壓力，使你繼續把工作完成。在你為一項工作設定一個期限之後，你就會擬出一個真正的行動計畫。否則，那只是一個虛無縹緲的希望。

請記住帕金森的定律：「工作會延伸到填滿所有的時間。」因此，派給自己或別人的任務，絕不能沒有期限。

有時把你的期限宣布出來也有幫助，這樣別人會因此期盼你在某個時間之前把工作做好，從而增加一種驅策力。如果工作很複雜，你可以給自己設定幾個中期目標完成的期限。這樣你就可以用一種均衡的進度做這件事，而不必在最後時刻拚命趕工。

一旦你為自己設定了期限，就要遵照它。如果你養成了延緩期限的習慣，期限就會失去功效，不但不能驅策你，也不足以刺激你左右的人。

5．最大限度地減少書面工作

對於那些大型企業和組織的員工來講，最頭疼的工作程序之一就是每天必須完成的書面工作。不知這些企業的管理者有沒有想過或親自檢驗這些書面工作的實際效果？

一個成功的人會儘量精簡各種書面工作，以減少員工的工作量，節省公司的資源，為企業贏得意想不到的效果。

時間就是金錢，設想你或你的屬下要按小時計酬，而不是領月薪或年薪，這樣你也許更能體會到時間分分秒秒的價值。

一、將書面工作合理化

英國著名的馬科斯——史賓塞連鎖零售公司的董事長、百萬富翁西蒙‧馬科斯在

一九五六年的一天晚上，看到他的一家零售店在下班很久以後還亮著燈。他走進去一看，原來是兩名職員正在加班整理存量卡片。後來他發現他所有的店面，每年差不多要填一百萬張這種卡片。於是他下令派人研究是不是真的需要這些卡片。研究的結果表明，這些卡片並不是非要不可。

免除填寫存量卡片使公司獲得了很大的好處，這又促使公司對在英國的所有子公司的書面工作進行了一次空前而廣泛的大清理。總公司對每一項表格、檔案以及那些成為一種工作程序的每一種書面工作都加以檢視，並鼓勵每一位職員：「如果懷疑這項書面工作的價值，就把它丟掉。」

不到一年時間，整家公司共有二千六百萬張卡片和文件，重達一百二十噸，被清理掉。例如，上下班卡片廢除掉了，一年就是一百萬張。公司相信每個部門的經理都能隨時瞭解什麼人工作努力，什麼人工作不努力。

馬科斯—史賓塞公司廢除了不必要的書面工作，而且一直堅持這種做法。在實施這一原則以後，公司的收效極大。一九五六～一九七三年，公司營業額增加了361%，利潤增加了六倍，商店網點增加了一倍，員工卻從二六七〇〇人減少為二六〇〇〇人。可見，減少書面工作以及因此帶來的高漲的士氣，對公司的業績至關重要。

之後，世界各國的許多公司都研究並仿效馬科斯—史賓塞公司的做法，果然獲益匪淺。

例如，美國廣播公司前幾年在系統的清理工作中做了詳細的記錄，從檔案中清除了一千五百萬張紙張。一家有影響的石油公司清除了五分之二的記錄，檔案室的開支由過去一年二萬美元減少為五千美元。

現在，檢查一下你自己辦公室裡的文案工作，看看每一種報告、每一份副本、每一份調查問卷、每一宗檔案，是不是都有充分的理由花費時間和精力去填寫、印刷和保存。如果感到懷疑，就把它們廢除。

二、扔掉沒必要保存的檔案資料

公司各部門的檔案資料之所以如此繁多，主要是因為我們在決定要不要把某份資料歸檔時，向自己提出了一個錯誤的問題。我們總是問自己：「我以後有沒有可能參閱這項資料？」這時，你的答案總是：「有的。」因此，我們就把每一份資料都歸了檔。

如果我們不問這個問題，而問另一個問題：「假定有一天要用這項資料卻找不到，我將怎麼辦？」這時你的回答通常是：「找不到這項資料也沒關係，總可以找到辦法。」例如，你為什麼要保存一份內部刊物呢？你知道，如果你需要某一期的刊物，總經理辦公室總可以找到。人事部通知下個星期一放假，你為什麼要把這項通告歸檔呢？你只要在桌曆上做一下記錄即可，然後把這份通告丟掉。萬一有什麼問題，你知道人事部的檔案中必然有一份，只要打個電話，請人事部送來即可。

保存太多的記錄，是一種不安和自我防衛的徵候。這表明你較少關注想要達到的目標而更多地注重公文形式，你的想法只停留在過去而沒有針對現實。現在請你記住馬科斯——史賓塞公司的格言：「如果懷疑有用到的可能，就把它扔掉。」

三、充分利用廢紙簍

現代辦公室的影印機、錄影機、電腦，以及許多現代科技新產品，只有一個共同的用途：繪製、分發更多更多的資料。但是，並沒有人想出辦法增加人的腦容量，以儲存更多的資訊。

其實，你只要讓你的祕書把每一件顯然沒有價值的東西過濾出來，或在你拆閱信件的時候多利用一下廢紙簍，就可以應付印刷品和郵件氾濫之災。那些不值得你花時間去閱讀的刊物，立刻取消訂閱。

當然，那些送到你桌上的公司內部文件，有時候確是比較難以應付。內部文件過多，最常見的兩個原因是——

(1)上司沒有完全授權。如果下屬覺得他們沒有處理某問題的權力，一定會把它轉送給上級，附帶送上詳細的資料，然後等待上級做出決定。

⑵公司在運用程序而非目標進行管理。如果公司職員是依據他們遵守指示的程度，而不是依據他們達成目標的成果進行工作，文件就會大量增加。文件報告的增加，就是用以證明大家執行程序的過程和表現。

你要使你的下屬明白，你所希望知道的是他們努力達到目標的進度，以及需要你注意的問題——你不想受到大量例行資料的干擾。過多的例行資料會使你無法將精力集中於那些龐大的計畫。

經常問問你自己：「如果沒有這份檔案，最壞的情形是什麼？」你會發現，大部分的答案是：「沒有什麼了不起的事情會發生。」

如果你真正需要某份資料，你也許可以在公司的其它部門或某一個人的檔案中找到，或者打一個電話就可以解決問題，甚或沒有這項資料也過得去。

當然，詳實的檔案並非毫無用處。問題是：它們是不是那麼有用，值得我們花那麼多時間和精力去彙集、整理、歸檔和保存。你可以估計一下，把公司的舊通報、一般公文、別人簽呈的副本等都歸檔，究竟要花多少時間，然後問你自己，如果你把同樣多的時間用在達到你的主要目標上，對公司是不是更有益處。

6．分清事物的輕重緩急

一個高效而成功的職業人士懂得如何把重要而緊急的事放在第一位，控制自己不致變成一個「工作狂」。他們懂得如何授權、如何減少干擾、如何集中注意力，因為他們養成了一個良好的習慣——分清事務的輕重緩急。

現在，請你先認真回答下面這兩個問題——

(1)有哪一件你可以做但現在還沒做的事。如果你經常做，會使你個人的生活發生怎樣巨大的積極變化？

(2)在你的職業生涯中，有哪件事對你的生活產生重大的積極影響？

我們知道，確定一項活動的兩個要素是緊急和重要。緊急意味著需要立即注意，是「現在！」例如，電話鈴響了是緊急的，多數人不會讓電話鈴一直響著而不去接。

你可以花好幾個小時準備資料，可以穿上正式的服裝去拜訪某個人，討論某個問題。但是，如果在那時電話鈴響了，一般說來，接電話應該優先。

如果你給某人打了電話，很少人會說：「我15分鐘以後再來通話，請等著。」但這些人可能會讓你在辦公室至少等一個小時，好讓他跟一個人甚至幾個人通完電話。

緊急的事通常明顯可見。它們給我們造成壓力，非要我們採取行動不可；它們往往是其他人所喜歡的；它們通常就在我們面前；它們通常令人愉快、容易完成而有意思。但它們大多不怎麼重要！

另一方面，事情的重要與否與結果有關係。如果某件事很重要，它會對你的使命、價值觀、優先的目標做出貢獻。

我們對緊急的事會很快做出反應。那些重要而不緊急的事要求人們展現更多的主動性和積極性。我們必須主動抓住機會。如果我們缺乏積極主動的習慣，不清楚什麼事重要，不清楚自己希望自己的生活產生什麼結果，就很容易對緊急的事做出反應。

讓我們分析一下下面這張「時間管理矩陣表」。〔方格Ⅰ〕既緊急又重要，它處理的是要求立即注意的重大結果。我們通常把〔方格Ⅰ〕的活動稱為「危機」或「問題」。生活中，我們都有一些〔方格Ⅰ〕的活動。〔方格Ⅰ〕耗費了許多人的精力，這些人是危機處理者、注重問題者、受限期驅趕的生產者。

如果你的心力集中於〔方格Ⅰ〕，它就會變得越來越大，直至主宰你。這就像大浪衝擊。一個大問題來了，把你擊倒、壓垮。你掙扎著站起來，又面臨另一個大問題，再次把你擊倒，甩在地上。

某些人幾乎每日每時都被問題弄得焦頭爛額。唯一的解脫之道是躲到〔方格Ⅳ〕既不重要又不緊急的活動中。看看他們的矩陣表，90％的時間花在〔方格Ⅰ〕，剩下的10％時間大部分用在〔方格Ⅳ〕，只有微不足道的一點兒精力放在〔方格Ⅱ〕和〔方格Ⅲ〕上。這就是透過危機管理所體現的生活。

還有一些人常把大量時間花在〔方格Ⅲ〕「緊急但不重要」的事務上，以為它們是屬於〔方格Ⅰ〕很重要的。現實情況是，這些事的緊迫性常常基於別人的輕重緩急和期望。

把時間幾乎完全放在〔方格Ⅲ〕和〔方格Ⅳ〕的人，基本上過著不負責任的生活。

卓有成效的人會避開〔方格Ⅲ〕和〔方格Ⅳ〕，因為不管它們是否緊急，通常並不重要。他們還縮小〔方格Ⅰ〕的規模，把較多的時間放在〔方格Ⅱ〕。

〔方格Ⅱ〕是卓有成效之個人管理的核心，它處理的是一些不緊急但很重要的事。如建立關係，制定個人使命書、長遠計畫，鍛鍊，保養，準備——所有那些我們知道需要做但因為不緊急而很少花時間去做的事。

著名的管理學大師彼得•杜拉克認為：卓有成效的人不注重問題，而是注重機會。他們充實機會，減弱問題。他們從預防的角度考慮。他們會注意〔方格Ⅰ〕的危機和緊急情況，但數目比較少。他們把注意力集中到〔方格Ⅱ〕中重要但不緊急的高槓桿率的能力培養上，以此保持生活的平衡。

記住「時間管理矩陣表」，用一點時間考慮怎樣回答前面我們提出的兩個問題。你正在做的事，它們適合於哪一格？它們重要嗎？它們緊急嗎？它們或許適合於放在〔方格II〕中，即顯然是重要的，非常重要，但是不急。正因為不急，所以你們不去幹。

時間管理矩陣表

	⊙緊急	⊙不緊急
重要	I 危機緊迫的問題 期限逼近的項目	II 預防 建立關係 尋找新的機會 計劃、改造
不重要	III 臨時插入的事 電話、郵件、報告 會議 直接而緊迫的問題 受歡迎的活動	IV 瑣碎而忙碌的工作 某些郵件 某些電話 消磨時間 娛樂活動

現在再看一看這些問題的實質：在你的個人和職業生涯中，有什麼事如果你經常做，會使你的生活發生非常積極的變化？〔方格II〕的活動具有這種作用。如果我們去做那些事，我們的成效就會得到質的飛躍。

一、減少外界的干擾

我們生活在一個複雜的社會群體中，無法完全排除干擾。但是，想提高辦事效率，就必須減少干擾。在一個小時內集中精力辦事，比花兩個小時而被打斷10分鐘或15分鐘的效率還高。一旦受到干擾，你就得花時間重新啟動你的思維；若進而受到幾個小時或幾天的干擾，就需要更長的時間加熱思維機器。

因此，我們建議你採取適當的措施，以盡可能減少干擾。

一、分析一下打給你的電話：是不是常常必須轉給別人，或根本沒必要接？如果是，研究一下，採取什麼辦法可以減少這些電話。

二、使用回電話的辦法可以減少電話干擾。有些電話相當重要，可以隨時轉過來。對那些沒有什麼緊急事情的電話，吩咐你的祕書記下對方的姓名和電話號碼，以便你在方便的時候回電就可以了。如果是你自己接電話，你可以當即回答：「半個小時後給你回電。」這樣你又可以集中精力處理手頭的事而減少干擾了。然後你可以在午飯前或快下班的時候回電。

這段時間對方不願多談，你也就可以更容易處理這類電話問題了。

很多人喜歡自己接聽電話，而且來者不拒。如果這種做法很適合你辦事的方式，那當然沒問題。但是，從長遠看，大多數人會發現，使用回電話的辦法可以節省時間。

三、採用單刀直入式的談話語氣。先用誠懇的語氣招呼，然後直接問道：「有什麼事要我做嗎？」一方面表示友善，另一方面也表明你正有事要辦，閒話免談。如果你過於友善地說：「聽到你的聲音真是太好了！近來怎麼樣？」諸如此類的話，你就向對方發出一種你好像很空閒的信號，那麼你們之間的談話就可能延得很長。

四、定出打電話和諮詢的時間。讓別人知道什麼時候可以打電話找你，什麼時間你不希望有人打擾，這對你會大有幫助，別人也會諒解你的這種安排。如果你事先解釋說你希望在上午十一點半或下午四點半以後接見訪客和接聽電話，人家多半不會覺得你冒犯了他。這樣你就會有一段相當長的時間，可以集中精力於重要的工作上。你當然也要說明，這只是一個原則，如果有緊急的事，還是可以立刻告知你。

五、直接同上司對話。如果對你的打擾大部分來自你的老闆，不要認為自己應該儘量忍受。你應該選擇一個適當的時機，向他解釋你希望能夠更有效地管理你的時間，請他安排每天一段對你們兩個人都方便的時間，一起討論公司事務，放過其它時間。

二、要開就開有效的會議

如果你需要某人參與討論，應該考慮一下是不是用電話或「電話會議」解決。除非必須集中開會，否則就不要開會。

如果必須召開一次會議，首先以「書面」形式邀請參加的人，說明你希望「決定」什麼問題，不要只列出你在考慮的事項。為此，開會通知單可以這樣寫：

與會者：甲、乙、丙、丁……

會議主題：討論生產線問題。

說明：請你本人或委派一名代表，在星期二下午三點，到會議室參加一個小時的會議，討論有關生產線的事項。

請就以下問題進行考慮，以便會上盡快達成決議——

(1)我們的產品種類是不是太多了，以至於影響生產和推銷的效率？

(2)如果減少包裝盒尺寸的種類，是否能節省一筆花費？

(3)市場會不會接受？

(4)若要減少生產線數目或生產量，首先該減少哪一項？

這樣，接到會議通知的人就會知道你究竟想幹什麼，希望得到什麼樣的資料。他們自己可以先想一想，應該做些什麼準備工作。

如果是你的老闆或其他上司主持會議，他們違反了上述建議而浪費了每個人的時間，該怎麼辦？

你不應該坐在那裡，讓你的時間浪費掉。如果你的老闆在會前沒有準備議程，你就建議他準備一下。如果會議時間拖得太長，你可以私下向他建議，把會議的時間定在上午十一點半或下午四點半左右，以免那些喜歡說廢話的人扯得太遠。

你的老闆或主管之所以邀請你參加會議，是因為他們認為你能在會議中有所表現。你能做出的最大貢獻，通常是協助一位不夠決斷的上司堅守會議的決策。因此，不要只坐在那裡，有話就說出來。

三、養成快速閱讀的習慣

如果你在閱讀上花費太多時間，接受速讀訓練並不能解決這樣的問題。最好的解決辦法是在閱讀的資料上善加選擇。

有些人的閱讀習慣很不好，如總是出聲閱讀或不必要地重讀某些句子。速讀訓練班有助於克服這些壞習慣並提高閱讀速度。但一份令人驚異的資料報告說，那些速度大有進步的人在幾個月後，又會退回他們的老習慣。

請記住英國批評家路卡士的這段話：「常識告訴我們，去做一件工作或閱讀一本書時，若不先問自己：『這是不是值得花掉我生命中的一段時間？』就永遠不要去做這件工作或閱讀這本書。」

羅伯特・托馬遜建議每家公司設置一位專門負責削弱事務的副總裁。他說：「預算部和一些基金會應該厲行一種做法，及時停止那些他們認為最差勁的產品、及時改善不周的服務或停止無意義的活動。我不是說縮減或重新調整，而是徹底清除。」

這項原則不只可以運用於公司事務，也可運用於個人習慣、例行事務及各種活動。檢視一下你的時間記事表、約會行程、業餘活動、書刊預定閱讀表和你看電視的習慣，去掉所有不能給你帶來成就感或滿足感的每一件事。

7．杜絕拖延

拖延是有礙成功的一種惡習。很多人心中都潛藏著這種惡習，卻又沒有認識到這一缺陷，反而找出各種理由為自己辯解。成功者與此相反，他們做事乾脆果斷，從不拖延，今日事今日畢。他們從不讓自己陷於拖延的深淵。

一、拖延的原因何在？

心理學家認為，造成拖延的主要原因是缺乏安全感、害怕失敗，或無法面對一些有威脅性、艱難的事。另外，還有其它導致拖延的因素。

知道該做什麼事，但原因不明，就無法去做。這是潛意識的恐懼拖住了他們行動的腳步。有許多人，他們拖延的主要原因並不是很嚴重。而且，他們認為不需要改變自己的行為，就能改掉拖延的習慣。

拿出一張紙，把那些導致你拖延的原因寫下來。最少找出10項，以進行檢討。

二、有效地克服拖延的惡習

首先，想想所有你已拖延下來的事——你該寫的信或報告、你該打的電話，或是你該念的書，把它們全寫在一張紙上。

接著，拿出前面你所寫下的導致你拖延的原因的那張單子，比較一下你該做的事和你沒有做的原因。假如你該做的事真的很重要，你必然無法在兩張單子之間自圓其說。了解這一點後，你就不該再拖延，趕快把事情完成。

接下來，請看看下面我們提出的所有建議。其中有些可能正好適合你，有些則有部分可以採用。選定一個對你最有用的，然後著手去做。等你建立了信心，再回頭看看其它的。只要你想得到的，就加上去，但要小心，別因為計畫太多而把它弄砸了。遇到困難時，更要保持你的熱度。犯了錯就要面對，並設法改正。

1．保持快樂　你對自己所從事之工作的感覺，會大大地影響你做事的方式。你十分快樂地接受一件工作，就會更順利地完成它。反之，如果你感到生氣和不滿，這件工作就會變得冗長，你就更有可能犯下錯誤，周圍的人也會慢慢疏遠你。

林肯曾說：「你想讓自己多快樂，就會多快樂。」只要你勤加練習，就可以做到這一點。但一開始，你要想些快樂的事，把恐懼、憤怒、挫折感全部從心中除去。面對他人時，也要快樂一點。儘量找些快樂的事，看些令人快樂的書、喜劇片，碰到好笑的事就開懷大笑。一旦養成快樂的習慣，原本拖延的腳步就會加快些。

2．控制你的情緒　學會認識你的情緒。情緒是一種心理狀態，它控制了你的行為。試著讓你的情緒幫助你，而不是破壞你。開始工作之前，你應該換上另一種情緒，假如原本的情緒使你拖延的話。

把一項工作分成幾部分，對你的情緒也許比較適合。你的情緒比較好時，去解決那些難一點的工作。要注意的是，如果你太注意自己的情緒，可能會耗費大部分時間去控制它，忽略了其它要事。

你越了解自己，也許會越害怕發現什麼。這種恐懼感也會導致你的拖延，除非你學會如何克服它。

3．克服心中的畏懼感　對於那些導致你拖延的因素，你必須直接面對。假如你怕自己會犯某些錯誤，就把它寫下來；接著寫下你準備如何解決這些頭痛的問題。如此一來，你的恐懼就會消失得無影無蹤。

卡耐基針對克服憂慮，提出了幾點很好的建議——

(1)問問你自己，可能發生的最糟結果是什麼。

(2)詳細地寫下你的憂慮。

(3)如有必要，接受這種最糟的情況。

(4)寫下解決這個問題的所有方法。

(5)決定哪種方法最好。

(6)立刻按這種解決方法去做。

(7)對你認為太糟的事，平靜地加以改善。

要克服恐懼，你必須先做好心理體操，以保持心的舒張和活力。

4．訓練你的心智　這種心理訓練要盡可能多做。下面是一些具體的訓練方式——

(1)沈思。把自己的思想集中於精神方面的體驗。用點時間去聞聞花草，看看夕陽、日出，充分享受景物、聲音、味道，體驗這些感覺的樂趣。

⑵學習。每天讓自己學點新鮮東西，以保持心智的新鮮成分。

⑶回想。想想過去發生的事，它們會對現在和將來具有一定意義和指導。

⑷開始行動。做些需要責任感和想像力的工作。

⑸完成。把一件工作或生活中的某些事加以完成，尤其是那些你曾忽略過的。

⑹創造。給予這個世界一些東西，這些東西也許在你離開這個世界後仍然有用。

這些訓練不但能幫助你行動，而且能幫助你完成你以前所不可能完成的工作。假如你不想再拖延，你不僅需要用頭腦，還要運用所有的感官。

5．肯定自我　你也許因為缺乏動力，或是感到灰心，覺得自己無用而拖延工作。果真如此，你就必須改造自己。抽出一些時間，對自己進行一次精神講話，鼓勵自己，認清自己的力量所在。把弱點放在一旁，不要對它考慮太多。誇獎一下自己，會增加你的信心及熱度。只要相信自己，你所能完成的工作就越多，做得越好。

記下這些積極的刺激法。你可以把你想到的靈感或別人給予你的肯定和獎勵都記上去。幽默感也很有治療效果。畫上一些插圖，記下一些有趣的事物，任何能讓你發笑的都可以。只要能讓你保持精神振奮，給你自信，多可用來幫助你達成目標。

偶爾也給自己所完成的事來個最高評價，以使你的自信心充分得到滋潤。

6・細分工作　有時候，要完成一件複雜、沈重的工作並不容易。但有個辦法可以削減它的分量，使你比較容易完成它。那就是把它分成幾個部分。

在你逐步做完那些細分的工作之後，你會有更多熱忱加快完成整件工作的速度，而且從中獲得更大的滿足。但是，假如你走到一個死巷子，就別再走下去。你可以先做別的部分，直到這個障礙消除。當你往別處想，做別的部分時，你的心智就會得到休息。等你再回頭去做，你可能已經有了解決的方法。反之，你若一直坐在那兒等，可能一直被憂慮所困擾，覺得束手無策，或者你硬是往前鑽，卻四處碰壁。

細分你的工作，這種辦法對那些令人不太愉快的工作尤其有效。假如你必須做一件你不喜歡的工作，就把這項工作細分。幾乎每個人都可以把一件事做上短短的一段時間，即使這件事是他所不喜歡的。把困難的工作分解成細小的部分，這可能需要多花點時間，但當你完成時，你一定會很高興。

三、先從要事著手

開始做事之前，要好好地安排工作順序，謹慎進行。愛德文・布利斯說：支配時間的一些基本方法，可以為你決定工作的優先順序。下面是他所提出的幾點建議——

(1)重要而緊急的——你必須立刻去做，否則你將自食惡果。

⑵重要但不緊急——位於第一種工作之後。大部分人都因這類工作可以拖延而忽略。包括身體檢查、寫信給朋友，或對自己的妻子（丈夫）說「我愛你」。

⑶緊急但不重要的——如果你撇下要事，先做這些工作，就得從別人那裡尋找支援了。

⑷繁忙的——假如你能控制，在做完一件困難的工作之後，可以適當休息。但是，若花了太多時間，就是另一種形式的拖延。

⑸浪費時間的——這些工作應該從你的時間表中除去。別忘了沙若・杜內斯所說的話：

「生命中浪費的時光在點滴流逝，原本美好的時光卻輕忽地流逝了。」

在你開始工作時，你可以自由地改變優先順序。其後不斷地進行檢討，以了解什麼是該先做的工作。時時想著自己的目標，爾後再按部就班地完成。

8．做事積極主動

每個人身上都攜帶著一個法寶，它的一面寫著「積極」二字，另一面寫著「消極」二字。每一位成功人士都會將這塊法寶翻到「積極」這一面。他們始終保持一種積極的心態，積極地思考問題，積極地解決問題。

有時候，我們的感覺並不是自己的感覺，我們的心情也不是自己的心情，甚至我們的思維也不是自己的思維。我們能思考這些事，這事情本身就使我們有別於這些事和動物世界。自我意識能夠使我們超脫，甚至使我們仔細考慮如何「考察」自己——我們自己的模式，取得成效的最基本模式。它不僅影響我們的態度和行為，而且影響我們如何看待別人；它成為我們本性的指示圖。

由於我們具有自我意識，因而能仔細考慮我們的自我模式，從而斷定它們是依據現實和原則，還是一種條件反射和周圍環境的作用。

一、積極主動的習慣很重要

著名的精神病學專家維克多・富蘭克爾在研究人之本性的基本原理時說：「在任何環境下取得卓越成就的人，其第一個最基本的習慣是：積極主動的習慣。」

積極主動的人都十分熟悉「責任心」一詞。他們並不把自己的行為歸因於環境、條件的反射，而認為它是根據價值所進行的有意識的選擇。

如果我們的生活依靠條件反射和周圍環境的作用，那是因為我們根據有意識和無意識的選擇，使這些情況支配我們。在做出這種選擇時，我們變得消極被動。消極被動的人常常受到自然環境的影響：天氣好，他們就感到愉快；天氣不好，他們就覺得煩躁。積極主動的人則能掌握他們自己——不管下雨還是出太陽，對他們都毫無影響。

當然，積極主動的人也會受到外來刺激的影響，這些影響有自然的、社會的，還有心理方面的。但是，他們對刺激的反應，不管是有意識還是無意識，都是根據其價值做出的選擇或反應。正如埃莉諾・羅斯福所說：「沒有一個人能不經你的同意就傷害你。」甘地也說：「如果我們不把自己交出，他們就奪不走我們的自尊。」

有些人心甘情願地容忍自己的遭遇，認同它對自己造成的傷害。其實並不是他的遭遇在傷害他，而是他對自己的遭遇所做的反應在傷害他。

當然，有些事確實會使我們在身體或經濟上受到傷害和損失，從而引起悲痛。但是，我們的性格、我們的基本特徵並未受到任何傷害。我們所經受的最困難的經歷是個大熔爐，它能夠鍛鍊我們的意志，培養我們的性格，發展我們的內在能力。

我們經常可以看到有些人處於十分困難的境況，比如病入膏肓，或身體嚴重殘疾，他們卻保持著驚人的精神力量。

維克多・富蘭克爾指出，人的一生中有三種中心價值——

- 經驗價值：每天所發生的情況。
- 創造價值：人自己使之產生的情況。
- 態度價值：在諸如病入膏肓之類的困難境況下做出的反應。

在這三種價值中，最高的價值應該是態度價值。換言之，最最重要的是，我們如何對我們在生活中經歷到的事做出反應。

二、積極主動的習慣可以訓練

在每天的日常生活和工作中，我們應當發展自己積極主動的能力，去處理及緩解那些不平常的生活壓力。例如，我們如何做出承諾並信守承諾；我們如何應付交通堵塞；我們如何對待一個發火的顧客或不聽話的孩子；我們如何觀察自己的問題，把我們的精力集中；我們如何使用積極的語言。

你可以在一段時期內實驗一下積極主動的原則，試一試會發生什麼情況。

在你的婚姻、家庭、工作中試一試。不要為別人的缺點爭辯，也不要為你自己爭辯。犯了錯之後，立即承認並改正它，並從中吸取教訓。不要染上怪罪人、指責人的習氣。在你能控制的事情上努力以赴。

9．理解他人並與他人保持合作

除了睡覺，我們大部分時間都在進行交流。交流是一個雙向過程——理解他人與尋求被人理解。

每一位成功者都具備這樣一種很好的習慣：善於理解他人，並樂於與人合作。

一、推己及人的四種反應

在現實生活中，我們在聽別人講話時，常常會將他的話題聯繫我們自己的經歷，並以下述四種方式中的一種做出反應。

- 評估——同意還是不同意。
- 探究——按照自己的看法提出問題。
- 勸告——根據自己的經驗提出建議。
- 解釋——試圖根據自己的動機和行為猜度別人、解釋他們的動機和行為。

我們做出這些反應是自然而然的。它們在我們的頭腦裡根深柢固。在我們的周圍，這類事例比比皆是。但是，它們對於我們真正理解別人的能力有什麼影響呢？

當某人真的感到痛苦，而你也真的抱著想理解他的純真願望聽他傾訴時，他就會對你坦露胸懷，而且速度之快，會使你吃驚。他希望能直抒胸臆。

也許會有人說，傾聽所消耗的時間太多。的確，它也許是要多費點時間。但以後它會節省很多時間。假設你是一個醫生，想確定一種好的治療法，你能夠做的一件最有效的事就是做出正確的判斷。你不能說：「我實在太忙了，沒有時間做診斷。就這樣治療吧！」傾聽需要時間，但較之在一條路上已經走了好幾里路之後，才又回過頭來糾正誤解，重做，要省事多了。

一個具有洞察力的傾聽者可以很快看到傾訴者內在的問題，他會表現出使對方毫無顧忌地敞開思想的理解之心，使他們一層層地開啟，直到真正存在問題的柔軟內核。

二、尋求被人理解

首先尋求理解，然後尋求被人理解。前者需要體諒之心，後者則需要勇氣。

古希臘人有一套極好的哲學，它體現在三個順序排列的詞語中——道德因素、感情因素和理性。這三個詞包含先尋求理解並做出清楚的陳述之精髓。

道德因素是指你個人的可信度，是人們對你的真誠和能力的信任。它是你的感情帳戶。感情因素與感情移入相關。它意味著在另一個人與你交流時，你和他在感情上息息相通。理性指邏輯性，是做陳述時的推理。

請注意它們的順序：道德、感情和理性——你的道德、你的感情關係、你的陳述中的邏輯。這涉及另一個重要模式的轉變。大多數人在陳述他們的主張時，首先總是直接訴諸理性——左腦的邏輯，而不考慮道德因素和感情因素。

不管怎樣，你總是可以先去尋求理解別人。

在公司裡，你可以定出一些逐一會見雇員的時間，聽取他們的意見，了解他們的工作情況。你可以在你的企業中建立一個人力資源帳目，或者股東信息體系，以求得到來自各個方面——顧客、供應商和雇員——真實準確的反饋。要把人的因素看作同財政或技術因素同等重要。如果你能發掘企業中所有各方面的人力資源，就能節省大量的時間、精力和金錢。

首先尋求理解。在問題出現之前、在你想進行評估和開處方之前、在你想提出你自己的看法之前——先去尋求了解。這是一個相互依存，作用很大的習慣。

當我們真正深刻地相互了解時，就為找到解決辦法和第三種選擇打開了大門。我們的差異不再是進行交流和取得進展的阻礙。相反，它成了通往合作的階石。

三、一切都是協同作用的

即使你處在很糟糕的逆境中，也可以維持自身的協同作用。你大可不必把無禮的舉動都看作是針對自己，你可以避開消極力量。你可以利用別人的優點，改進自己的觀點，擴大自己的視野。

在相互依存的情況下，你可以鼓起勇氣，做到坦率地表達自己的想法、感情和經歷。你採用的這種方式應該能激勵別人也做到坦率。

你可以尊重其他人的差別。如果某人和你意見不一，你可以說：「很好！你從不同的角度看待它。」你不必同意他們的意見，只需肯定他們。你還可以尋求理解別人。

當你只看到兩種選擇——你自己的意見和「錯誤」的意見，你可以尋找一個協作的第三選擇。幾乎任何時候都存在第三種選擇。它更有益於解決相關問題。

四、成功需要合作，合作需要溝通

有了溝通，心靈不再寂寞。我們雖然是擦肩而過的陌生人，但彼此伸出手一握住，便不再漠不相關了。我們冷淡是因為怕被拒絕，其實我們很容易了解，也很容易相處。

不能溝通，就不能合作，溝通是合作的前提。與他人溝通，首先就要明白，地球上的每一個人都有相同的權利去滿足他（她）的生活需求。大家都知道，膚色、出生地、政治信仰、性別、經濟情況及智力並不能決定一個人的價值。要溝通，就得接受這一事實：每個人都與眾不同。世界上沒有兩個完全相同的人，即使雙胞胎也有所不同。

每個人的指紋、趾紋、聲紋都獨一無二。為此，美國電報與電話公司正在發展一種「聲紋」系統，利用電子儀器，根據人的聲音，迅速而正確地分辨出每個人的身分。你只要向商店的櫃檯或銀行櫥窗的麥克風報出姓名，自己的「聲紋」頻率就會和存放在中央電腦的「聲紋」檔案資料進行比較。這種系統將可免去支票或信用卡被竊後產生的問題。即使是世界上最好的模仿家也無法偽造另一個人的聲紋。

在家庭、社會與國際生活中，存在著許多不和諧。這是因為我們每個人透過不同的耳膜去聽聲音，透過不同的角膜去看東西，經由不同的頭腦去理解事情。你所做的決定，就是頭腦中一套獨一無二的思維系統所促成的結果。

五、用愛去溝通

你必須愛自己，然後才能把愛施捨給其他人。愛是獨立的，卻又以我們和其他人分享為基礎。真正的愛，是由兩個具有維持自身之生活能力的個人所組成的一種關係。不能獨立的人則大多因為有所需求，才會繼續維持某種關係。

可見，愛是人與人之間相互溝通的前提。

好的溝通者和陌生人打交道時，總是先把手伸給對方。因為這是向他人表示尊敬的一種方式。除了握手，我們還要把眼光直視對方，同時面帶開朗的微笑，藉以顯示我們進行這種溝通的強烈興趣。會見陌生人時，我們要先報出自己的姓名，並加上一句「早安」、「午安」或「您好！」這種程序也可以用在電話交談上。

在自我介紹之後，你要成為一個積極的聆聽者，並替對方設身處地地著想。傾聽，可以學到很多東西。

面對一個可能成為朋友的陌生人，一個將來可能和自己做生意的人，或是自己的家人時，我們的態度必然熱誠。當我們在內心對其他人——而不是對我們自己——產生興趣時，他們將會感覺出來。他們也許無法以言語說出他們為何擁有這種能力，但他們確實擁有。相反，當人們和那些只在腦中想到自身利益的人交談時，就會產生不舒服的感覺。這就是所謂的非言語溝通：「你雖然說得如此大聲，我卻聽不懂你在說什麼。」

成功的溝通者都知道，每個人所看到和聽到的皆不相同。我們付出什麼，就會獲得同樣的回報。因此，我們最好提出簡單、建設性及支持性的構想。如果我們希望受到別人的喜愛，就必須以積極、可愛的語言進行溝通。

10．追求雙贏

在這樣一個相互依存的年代，除了雙贏這種關係模式以外，其它模式都不是最佳選擇，它們都會對長遠的關係產生負面影響，而這種負面影響最終會讓我們付出代價。成功人士做事總是極力做到雙贏，否則他們寧可不做交易。

卡耐基技術研究所進行的一項研究表明，在工作中獲得成功，85%建基於個性，只有15%是得力於技術和訓練。任何人際關係，無論是私人交往，還是業務往來，如果它是以互利觀念為基礎，對雙方都只會有益。你為別人提供急需的東西，人家也會滿足你的要求。

一、人際交往的六個模式

人際交往太複雜了。為此，它必須建立在一定的交往原則之上。事實上，我們可以把行行色色的人際交往歸納成以下六種模式——

- 贏——贏
- 輸——輸
- 贏——輸
- 贏
- 輸——贏
- 贏——贏或不做交易

下面我們分別闡述一下這六種模式。

(1)贏——贏

這種模式是人際關係和商務交往中的一種最佳狀態。在這種模式下，雙方都本著互利的精神和心態，尋求互利的協定和解決辦法，以使雙方都感到滿意。

追求贏——贏交往模式者把生活看成一個合作的舞臺，而不是一個角力場。但現實生活中，大多數人喜歡用兩分法考慮問題：強或弱、硬或軟、勝或敗。這種思維從根本上就是錯誤的。它的基礎是力量和地位，而不是原則。

贏——贏模式基於這樣一種觀念：事情的好處很多，人人有份，一個人的成功不是以犧牲或排斥別人的成功為代價而取得。

尋求贏——贏模式者相信事情一定會有第三種選擇。它不是你的方法，也不是他的方法，而是一種更好、更高明的選擇。

(2)贏——輸

贏——贏的一個替代模式是贏——輸。現實中的很多交往模式便是如此。奉行這種模式的人認為：「如果我贏，你就輸。」

在競爭性很強，缺乏互信的條件下，贏——輸的思想就有一定的存在空間。但是，生活畢竟不是一場你死我活的競爭。我們不必每天都同我們的配偶、子女、同事、鄰居和朋友競爭。「在你們的婚姻中，誰是勝利者？」這是一個荒唐可笑的問題。生活基本上是一個相互依存——而不是各自獨立的——現實。你所希望的大多數結果都取決於你與其他人之間的合作，而贏——輸心理阻礙了這種合作。

(3)輸——贏

輸——贏模式比贏——輸模式更糟，因為它沒有標準，沒有期望，沒有遠見。考慮採取輸——贏模式的人通常都容易討好或姑息別人。他們從別人對他們的歡迎和認可當中尋求力量。他們很少有勇氣去表達自己的感情和信念，容易被自負的人嚇倒。

在談判中，奉行輸——贏原則被看作投降——屈服或認輸；在上司的作風中，它是放任或縱容。輸——贏模式意味著做一個老好人，即：「好人總是排在最後。」

奉行贏——輸原則的人喜歡奉行輸——贏原則的人，因為他們可以從後者身上得到滿足。前者喜歡後者的弱點，因為他們可以利用後者的弱點，補充自己的力量。

問題是，奉行輸——贏原則的人把很多感情埋在心底。而沒有表達出來的感情並未死亡，日後它們會以惡劣的方式表現出來。身心疾病，特別是呼吸、神經和循環系統方面的疾病，往往是受輸——贏心態壓抑的長期的積憤、極度失望和幻滅的反映。他們會對不值得發火的事大發雷霆，受到小小的刺激就反應過度。他們總是壓抑自己的感情而不是超越感情，向更高的方向發展。這減弱了他們的自尊，最終並將損害他們與其他人的關係。

贏——輸和輸——贏兩者的立場都是軟弱的，它們的基礎是個人的不安全感。從短期來看，贏——輸原則將產生較多的結果，因為它從處在上面的人那裡汲取的往往是較強的力量和較高的才能。而輸——贏模式從一開始就是虛弱而混亂的。

許多行政負責人、經理和家長就像鐘擺一樣，左右搖擺，時而輕率地考慮贏——輸，時而又迷戀輸——贏。當他們再也不能忍受迷亂和缺乏章法、方向、期望和紀律的狀態時，就擺到贏——輸這邊來，直到負疚削弱了他們的決心，又使他們擺到輸——贏那邊去。其後，憤怒和失望又使他們回到贏——輸這邊來。

(4)輸——輸

當兩個奉行贏——輸原則——即兩個堅決、固執，以自我為中心的人交往時，其結果將是輸——輸。兩個人都會輸。兩個人都想報復，都想「撈回來」或「扯平」，全然看不見這一事實——謀殺就是自殺，復仇是一把雙刃劍。

有些人把注意力集中在一個仇人身上，對這個人的行動耿耿於懷，結果變得什麼都不在乎，一心要使這個人失敗，即使這也意味著他們本身的失敗。輸——輸是一種互相傾軋的哲學，是戰爭的哲學。

輸——輸也是沒有主見而依賴性太強的人生哲學，他們自己糟糕，就希望別人也糟糕。「如果沒有人能贏，做一個輸家也許沒那麼壞。」這是「輸——輸」人的觀點。

(5)贏

另外一種普遍的選擇就是乾脆只想贏。有這種心態的人未必希望別的什麼人輸，那是無關緊要的。重要的是他們要得到他們想要的東西。

在缺少爭奪或競爭意識時，取勝也許是日常談判中最普遍的態度。具有取勝心態的人考慮的是達到自己的目的，讓別人去考慮如何達到他們的目的。

(6)贏——贏（或不做交易）

從長遠的觀點來看，如果我們不能雙雙獲勝，那就要兩敗俱傷。在相互依存的現實中，贏——贏之所以是唯一真正的選擇，就源於這個原因。

如果雙方未能提出一個合作性的解決辦法——一個雙方都能接受的辦法——他們就可能採取一個在更高的層次上體現贏——贏精神的辦法——贏——贏或者不做交易。

不做交易，主要是說，假如我們不能找到一個對雙方都有利的辦法，我們就爽快地承認意見分歧——不做交易。我不雇用你，或者說我們不共同承擔某項任務，因為很明顯，我們的價值觀和目標根本不同。一開始就認識到這一點比在業已造成期望而雙方的幻想都破滅之後才醒悟過來要好得多。

當你也想把不做交易當作一種選擇時，你會感到自由，因為你不必去操縱別人，去推行你的計畫，去追求你的目標。由此，你就可以開誠布公，努力去理解潛藏在那些立場下面的更為深刻的問題。

把不做交易作為一種選擇，你就可以坦率地說：「我只主張贏——贏。我希望我贏，也希望你贏。我不會只想要自己如願而使你感到不快，因為它最終會成為一筆提出款。另一方面，如果你遂願，我讓步，我想，你也不會感到高興。因此，讓我們爭取一個贏——贏的結局。我們好好地想個辦法。如果找不出辦法，那就讓我們承認我們根本不能達成一項協定。

不做交易強似接受一個不是對雙方都很公正的決定。這樣也許下一次我們就能走到一起。」

在一個相互依存的現實狀態中，除了贏——贏，都不是最佳選擇，都會對長遠的關係產生負面影響。那種影響的代價需要認真加以考慮。若不能達到一種真正的贏——贏的結果，在大多數情況下，最好還是採取不做交易的態度。

在一種商業關係或企業開始之際，贏——贏或不做交易是最現實的方針。在持續的商業關係中，不做交易則是一種行不通的選擇，它可能造成嚴重的問題，對於家庭公司或者在友誼的基礎上創辦的公司尤其如此。

為了維持關係，人們有時年復一年地做出一個又一個妥協，甚至在談論贏——贏時想的也還是贏——輸或輸——贏。這就給人和企業造成了問題，特別是在競爭關係影響到贏——贏原則和合作精神的時候。

第5章

閱讀的力量

無論你是一個打工者，
還是一個世界排名五百強企業的總裁；
無論你擁有滿意的工作，還是正在飽嘗失業之苦；
無論你是誰，無論你做什麼，
讀書都會帶給你神奇的力量，
讓你在生命的所有領域都變得更豐足、更富有。

1．讀書與富有

有這樣一個發人深思的小故事：兩個小男孩正在一片樹林中行走。突然，他們看見前面不遠處有一頭大灰熊正朝他們衝來。他們急忙轉身，拔腿就跑。其中一個男孩子猛然停了下來，從書包裡拿出球鞋，並以最快的速度穿上鞋。

「你在幹什麼？」他的朋友驚叫道：「穿上它，你也不會比那隻灰熊跑得快呀！」

「我不必比那隻大熊跑得快，」他一邊高聲回答，一邊箭步如飛地跑起來：「只需比你跑得快就行了！」

這則故事之寓意在於——這是一場富有者與一無所有者的比賽。這種比賽在資訊時代的今天，只會愈演愈烈。

假如把大灰熊的襲擊比作越來越激烈的市場競爭，把那兩個男孩比作資訊時代的工人，那麼，那雙球鞋就是我們所謂的「讀書的一點點勝算」。這種勝算表面上看起來很微弱，卻是決定生死的關鍵。

有球鞋的男孩——我們稱之為「讀書人」——在資訊時代不僅能夠生存，而且能繁榮下去，因為他已經充分做好迎接挑戰的準備。反之，沒帶球鞋的男孩會淪落為競爭日趨白熱化的資訊時代的受害者——不讀書的人會變成一無所有者。

2．窮人與富人的收入差距越來越大

毋庸置疑，富人與窮人的收入差距是真實存在的，而且每一天都在擴大之中。幾十年前，一個普通工人一年的收入相當於一個廠長一個月的收入，現在則只相當於一個行政總裁一週的收入。是的，這已不是一個收入的「鴻溝」，而成了「斷層」。而且，這個現象存在於各種職業之中。

一九九五年，美國人口統計局做了一項關於美國國民年均收入的調查報告——

⊙學歷	⊙年均收入
高中以下	11000美元
高中	17000美元
大學	32000美元
碩士	41000美元
律師、醫生	66000美元

這些數字告訴我們：對教育的投資，可以獲得豐厚的回報。

現在，仔細分析圖表下欄中的資料。它們代表的是年均收入。但這並不是每一個人的情況，不是每一個人大學一畢業就注定有三二〇〇〇美元的年收入。現實生活中，我們可以接觸到許多薪金微薄的大學畢業生，也知道不少高中未畢業的人，他們的收入卻遠遠超過一般專業人士。

為什麼有些人掙得比平均數字高，另一些人卻落到比平均數字低呢？或許可以做這樣的解釋：在新經濟情況下，最大的勝算仍然是古老的技藝——讀書。當然，這個勝算並不局限於賺錢能力方面。讀書還可以在其它很多方面為你帶來幫助——例如在建立良好的人際關係、發現快樂、實現自我、體會滿足與職業樂趣等方面。

閱讀仍然是獲得知識的最好辦法。只有閱讀，你才可能在資訊時代的浪潮中乘風破浪，而不至於被那驚濤駭浪所吞沒。

3．不讀書的人只能在流沙中奔跑

過去，讀書很少的人照樣可以使全家生活得很好。他可能在國營單位、大公司中工作，上班下班，週而復始，雖然單調乏味，但所得的工資可以維持一家人的溫飽。

但是，舊時代逐漸為資訊時代所取代，工廠裡的高收入工作越來越少了。對於那些缺乏技術和知識的人來說，他們的就業希望越來越渺茫。結果，越來越多的人變得憤怒而沮喪。不管這些人多麼努力工作，他們還是被甩得越來越遠。不讀書的人一定會有在流沙中奔跑的感覺，他們越掙扎，在憤怒與沮喪中就陷得越深。

你或者變得更富裕，或者變得更貧困。當然，這並不僅僅指金錢方面。這裡沒有中間地帶。如果你不利用空餘時間多讀書，會怎麼樣呢？你會朝著反方向走去！世界著名經濟學家萊斯特・C・瑟羅這樣說：「一個充滿競爭的社會給了人兩種選擇：你可以失敗；如果你想成功，你必須改變。」

奉勸所有能讀書卻不選擇讀書的人，去改變一下吧！我們都可以成為贏家。如果你認真地想變成富人中的一員，就必須改變你在空餘時間裡的生活習慣。

我們並不是建議你扔掉電視，只是不要毫無節制地看。去讀書吧！富有者使他們的空餘時間變得很重要，他們在閱讀。你呢？也許剛剛意識到，或剛剛開始。這不算晚。

4・閱讀能幫助你致富

每一個人都各有困難。住在你們家隔壁的夫婦可能有一個美好的婚姻，但他們的房屋抵押貸款的償還比規定晚了三個月，房子隨時可能被銀行查封。另一對夫婦可能很富有，婚姻也很美滿，但他們可能正在努力挽救他們那吸毒、酗酒的兒子。整個社區、整個國家、整個世界，都有這樣或那樣的難題。

你的心臟還在跳動，就會面臨難題。生活的全部意義就在於認識並解決問題。

不知你是否注意到，有些人認為富有的人比其他人問題少，因為他們可以用錢解決所有的問題。

「如果我有他那麼多錢，」你會聽到某些人說：「我就不會憂慮了。」錯了！每個人都各有問題。你以為比爾·蓋茲這位億萬富翁就沒有問題嗎？三年前，美國聯邦政府正式起訴他的公司，控告他圖謀製造行業壟斷。他有問題，而且是一個很大的問題。而且，就算這個問題解決了，還會有一系列問題跟著來。比爾·蓋茲是世界上最富有的人，他仍然會有麻煩。問題是人始終無法逃避的。因此，變得富有不僅僅是在增加銀行的存款。從一個完整的意義上說，「變得富有」意味著承認你的問題並解決它，意味著成為一個更好的人。

書籍不僅僅能幫助我們去面對困難，還提供我們一些智慧和理解力去解決困難，並在解決問題的過程中，讓我們變得富有。

5．讀書是最佳的抱負

現在，讓我們看看讀書怎樣幫助一個失意者和他的家庭變得富有。這個故事有點曲折，因為這個失意者不僅使他自己變得富有，他的貢獻還鼓舞了世界上千百萬的人，使他們都變得富有起來。

這個人的名字叫邁克爾•德貝克，他的例子證明了讀書有能力提升我們到達成功的頂峰。這是一個偉大的故事。

德貝克的父母在他小時候就從黎巴嫩移居到美國。他們定居於路易斯安那州，因為那裡有很多人說法語。德貝克的父母從來沒有機會上大學，但他們視讀書高於一切，並且傳襲給他們的孩子喜愛讀書的習慣。德貝克回憶起他小時候，父母總是要求他和兄弟姐妹每週進一次圖書館，借一本新書回來讀。

有一次，他沮喪地回到家，因為圖書管理員不讓他借閱他認為是圖書館裡最好的一本「書」。這本書是《不列顛百科全書》。德貝克的父親就買了完整的一套送給孩子們。孩子們為了在睡前能看看這套書，都抓緊時間完成他們的作業。直到德貝克進入大學之後，他才讀完這套書。

德貝克繼續學習，成了博士，世界著名的心臟病手術專家。現在他已經90歲高齡，但他完全沒有放鬆下來。他日常的工作仍舊持續，包括做手術、教書和搞研究。在他的一生中，他的成就包括發明一套修復損壞之心臟的程式，發明第一根人工血管；他一生中為超過六萬名病人做了手術；他發明了心臟搭橋（支架）手術，這個手術每年都挽救了成千上萬個生命。在他一生中，他對個人和事業的成長有如此堅定的承諾，以致深深打動了很多人。

一九三二年，當德貝克還是個24歲的醫科學生時，他的教授要求他找一個水幫浦，以便模擬人類的脈搏。當時，心臟手術是極其罕見的，因為沒有辦法可以在保持血液流動的同時修復心臟。

德貝克無法在醫學圖書館找到任何關於水泵的資訊，因此他運用創新手法——在工程圖書館裡尋找水泵！他把假想和偏見拋在腦後，研究了兩千年以來所有的水泵資料，最終發現了一個十九世紀的水泵，可以被用於創造世界上第一個成功的心臟裝置。從此，現代心臟手術誕生了！

當然，不是每一個人都可以透過從小讀書，變成一個邁克爾博士。對我們大多數人來說，這不太可能發生。但是，這其中有一些值得我們學習的地方。

首先，讀書是偉大的平等機器。我們都有被某個群體視為局外人的感覺。那是孤獨的感覺。不容置疑，長相和語言不同的人要融入某一群體是不容易的。但是，人類有一個傳統——卓越，能得到豐厚的回報。如果你能幹好一份工作，並帶來結果，你將不會長久地停留在局外人中，這是肯定的。

那些渴望讀書的人，無論他們的背景如何，都比不上讀書的人更佔優勢，這是顯而易見的。在這個競爭激烈的社會，人們更關注的是你知道什麼，而不是你認識誰——而僅僅在五十年前，家庭背景是非常有分量的。

其次，你付出很少的力氣，就能得到整個世界的資訊。每一次當你走進圖書館，都會驚歎那些圖書館職員是那麼願意幫忙！關鍵是：有無數資訊可以免費得到。

如果喜歡上網，只需花幾塊錢，指尖下的網路就會提供給我們一個世界。網路連接迅速，資源巨大，容易使用——簡直不可置信！如果讀書能夠幫助一個人在生活中變得富有，那麼，同樣合理的是：你也可以這麼做。

6．一個真實而神奇的故事

這是一個小女孩遭到不幸的故事。當她只有一歲半的時候，童年的疾病奪去了她的視覺和聽覺。小女孩被困在自己的記憶裡。她還沒有學會說話，所以只能發出哼哼和動物般的聲音。她陷入了無緣無故的憤怒之中，經常打碎盤子並用力攻擊任何進入她房間的人；她在吃東西時也常對人咆哮，像瘋狂的動物。所有的大夫都診斷說她患了精神病，建議送她進精神療養院以度過她的餘生。可她的父母拒絕這樣做。

女孩七歲時，她的父母聘請了一個年輕的女家庭教師。頭幾個月，家庭教師嘗試用在她的手掌上拼寫單詞，與她溝通。小女孩能感到家庭教師的手指在她的手心劃著，但這些符號對她來說，沒有任何意義。她仍然「被困」在黑暗裡。

一天，奇蹟出現了。小女孩拿杯子接下湧出杯外的水。家庭教師便不斷地在小女孩的手心上拼寫字母——「w-a-t-e-r」。

突然，小女孩意識到了字母代表的事物！在那像閃電般的領悟下，一扇通向世界的門突然打開了。小女孩繞著院子奔跑，隨便抓住一樣東西，乞求家庭教師在她的手中拼出名字。這個女孩幾年後回憶道：「一個接一個火花在我的手掌中迸發了！」

這一天，小女孩不再被困在她自己的思想中——她完全自由了。

這是個對我們生活的很好比喻。我們都會時不時感到被困在自己的思想裡，不能理解或表達我們真正的情感。在這種情況下，我們都會感到孤單、害怕和憤怒。

但是，我們不必一直處於這樣的狀態。像這個小女孩一樣，讀書就能幫助我們打破精神的禁錮。讀書有能力改變我們，溝通我們與其他人的關係。對於任何人，包括你，它都是一件能幫助你發揮最大潛能的工具。

順便說一句，那小女孩確實發揮了她最大的潛力。是讀書的技巧使她改變了自己。一旦她懂得了讀書和寫作的概念，她就變成一個貪婪的學習者。10歲時，她甚至可以用法語給歐洲名人寫信！

她決定上大學。那位全身心投入的家庭教師也一直坐在她身旁，在她手上拼寫講課的內容。她從瑞德克夫大學畢業，獲得榮譽學位，並成為一位知名的作家，受到國王和總統的榮譽表彰。

想一想吧，這小女孩的生命就開始於她學會讀書時。她的名字是——海倫・凱勒。

7・透過讀書而致富的成功人士

羅・荷爾茨，美國大學橄欖球史上最偉大的冠軍球隊教練之一，確信閱讀《大思想的神奇》一書是他職業生涯的轉捩點。

W・克利門・斯通，一個擁有數億資產的富商和暢銷書作家。他說：「拿破崙・希爾的《思考與致富》這本書改變了我生命的進程。」希爾的書鼓舞斯通養成了一生的習慣——為別人提供有關個人成長的書籍，以鼓舞其成長。這個習慣，他樂此不疲地堅持了五十年。

唐納・李德，一位奧斯卡金像獎獲得者兼早期的電視明星，曾是個羞怯、缺乏自信的高中生。當她讀了《人性的弱點》這本書後，她在學校演出舞臺上總是扮演主角；後來活躍於電影、電視界長達四十年之久。

J・W・馬里奧提，萬豪國際酒店董事長，深為《世界最偉大的推銷員》這本書所感動。他把這本書發給公司裡的每位市場營銷人員。

大衛・托馬斯，溫迪斯連鎖速食的創始人。高中時被退學，極其缺乏自信。偶然讀了《積極思考的力量》這本書後，他的命運發生了變化。如今，他已在全球擁有一個上千家速食店組成的速食帝國。

菲利斯・第勒，著名的喜劇女主角。在她讀到《信念的魔力》這本書之前，是一位飽經挫折，缺乏自信的家庭主婦。這本書給了她開始學習表演的信心，後來她成為美國最知名的喜劇藝術家。

阿捷・莫爾，傑出的羽量級拳擊冠軍。他在228場比賽中擊倒了141名對手，刷新了羽量級的世界拳擊新紀錄。一開始，他並不愛讀書。直到他在電影《哈克貝利歷險記》裡扮演了黑奴傑姆之後，才讀了此書的原著。此後，他成了一個虔誠的讀者。他說：「現在我才發現，書本讓我活得很有意義！」

第6章

學習吸引金錢的知識

希爾博士說：
「知識分成兩大類：
一類是普通知識，另一類是專門知識。
對於富人來講，普通知識不論數量和種類有多少，
對聚存金錢很少能派上用場。
只有掌握大量的專門知識，
才有成為富人的可能。」

1．知識本身並不會吸引金錢

新經濟時代，知識與金錢的關係已越來越密切。過去我們常說：「知識就是力量。」但今天我們已不得不承認：「知識就是金錢。」當然，並不是任何形態的知識都可以創富。你必須擁有「專門知識」，才可能致富。

希爾博士毫無保留地告訴我們：知識本身並不會吸引金錢。除非我們懂得運用我們的智慧，透過實際的行動方案，方可聚財。人們一直誤解了「知識就是力量」這句話。知識本身只是「潛力」。我們要懂得運用組織性的計畫，才能將這種潛力變為力量，再轉化為金錢。

希爾博士大膽地指出：絕大部分教育系統都一味地灌輸知識，而不懂得教學生將知識組織化、實用化，成為「專門知識」。

「死人」讀活書，活書亦變死。如果你是一個不懂得學習之道的人，那麼，就算你將希爾創富的書籍背熟了，你的生命仍然起不了絲毫改變。

相反地，活人讀死書，死書亦變活。你若懂得融會貫通，明白應變與實際運用的竅門，就可以將最死板的學問變成生命之泉，使它引人入勝，令你心曠神怡。

2．專門知識是通富之橋

學校是吸收「普通知識」的場所。相對地，「社會大學」則是我們建立和鞏固「專門知識」的大殿堂。

你有沒有受過大學教育並不要緊，重要的是你是否肯在「社會大學」鑽研一門專門學問，將它系統化，演繹成一種可以「推廣」與「兌現」的東西：實物也罷（汽車、飛機、日用品等），服務亦可以（法律諮詢、餐飲行業、公共關係等），買賣轉手也成（房地產投資、股票交易、期貨買賣等）。

無論如何，你要在你的行業中成為一等的專才，知識與經驗都高人一籌。這樣，你就可以鶴立雞群，衝上雲霄，迅速致富。

希爾博士告訴我們：「你要成功，一定要將你所做的事情專業化！」你肯自律，肯痛下苦功，一定可以出人頭地。只有三個月「學校」教育的愛迪生，如果不肯自修與不斷實踐，能成為大科學家嗎？

今天之所以成為「資訊時代」，與愛迪生發明了電燈、貝爾博士發明了電話、萊特兄弟發明了飛機直接相關。他們都是希爾博士的好朋友、「自我創富學」的支持者。

萊特兄弟——威伯・萊特與奧維利・萊特，在美國俄亥俄州的一個小村莊裡長大。

關鍵性的一天，是奧維利在俄亥俄州圖書館看到了一本描繪德國人里拉安杜以滑翔翼飛行的書。他非常興奮。他告訴哥哥威伯這回事。兩兄弟立刻就深深迷上了「在空中飛翔」這個想法。

從這天開始，兄弟倆便合力研究，終至成為飛機之父，兩人之名也隨之永垂不朽。

實際上，萊特兄弟並沒有受過高等教育，中學時便輟了學。但因為他們對機械的熱忱以及對空中飛行的強烈願望，使他們不斷研究，在實踐中取得了「專門知識」，成為飛機的創造者，也開創了人類歷史的新紀元。

起初，兄弟倆在自行車店製作風洞，做機翼承受風力的實驗；然後對風箏做了更細緻而深入的研究。終於，一架大型風箏——滑翔機成功地誕生了。然而，滑翔機實驗持續了好幾年後，他們才能將手製的引擎安裝在滑翔機上，製造成今日飛機的雛形。

可是，萊特兄弟這項偉大的發明，在當時並沒有受到世人太大的重視，因為人們「不相信」在空中飛行是「可能」的。而且，他們並非「專業工程師」，性格又沈默寡言，不懂得「推廣」之道。但他們仍然默默耕耘。終於，在一九〇八年，他們的發明被歐洲及美國政府認可。一九〇九年，他們與美國政府訂立契約，製成第一架軍用飛機。之後，他們成立了萊特航空公司，成為國際讚揚的富豪發明家。

3．專門知識的創富機制

專門知識就是實用化的知識。任何知識只有在組織化、實用化之後，成為某一領域的專門知識，才能產生有形的價值。希爾博士聲稱：專門知識是這個社會最直接幫助我們將願望轉化為黃金的「管道」。

與專門知識同時存在的是普通知識。普通知識不管多麼廣博，對積累金錢和創造財富助益都不大。普通知識的積累相對較為容易，文明社會共有的普通知識，人們都可以從各級學校裡學習到。

一個受過教育的人不一定擁有豐富的普通知識。大學裡的教授即是此方面的佐證。他們專門進行知識傳授，但沒有專門從事組織和使用知識，所以他們擁有的金錢有限。所謂教育，最初源於拉丁語「educo」，意思是「引發」、「誘導」、「從中發展」之意。柏拉圖認為它「只不過是喚醒靈魂深處的知識而已」。每個人都有與潛意識的無限智慧溝通的本能。但是，能否運用這種本能為自己服務，則取決於每個人自己的意願。因此，真正受過教育的人，應該具有這樣一種思維能力——在不損害他人權益的情況下，能獲得他想要的東西或等價物。

這就是許多沒有受過「教育」的人仍能發家致富，甚至名垂青史的原因。希爾博士說：「許多人都誤解教育為『上學堂』，但偉人如愛迪生與福特都只受很少的『學校教育』。真正受教育的人是那些擁有特殊知識者，他們將心靈的力量發揮到極至。」

迄今為止，人們對「知識就是力量」這句話的理解仍然停留在其意義的表層。他們不明白，知識並不吸引金錢，除非透過具體的行動計畫，將它組織化並明智地引向具體的積累金錢這一方面來。這是千百萬人事業失敗的真正原因。知識只是潛在的力量，只有把它組織成具體的行動計畫並引向具體的終點，才會轉化成力量。

因此，若要成功，關鍵是要將自己所做的事專業化。沒有受過大學教育的經歷並不足憂，只要你肯在「社會大學」這所學校致力於一種專門學問，將它系統化，演繹成一種可以推廣、兌現的東西，一種實物、服務或是一個人的事業，就能成為社會中令人矚目的「成功人士」。

4．創富者應終身熱中於學習

要獲得知識，尤其是獲得可以致富發財的專門知識，就要善於學習。

電視新聞播報員狄恩還是個高中生的時候，就學到許多有關處理生活中使人感到意外不安之事的專門知識。

「想當年，身為高中橄欖球校隊隊員，我坐了太多次冷板凳！」狄恩回憶道：「我記得，有一場比賽，我隊已攻至離決勝線不到五呎的距離，教練突然命我上場。那時我只是個預備隊員，並且那一賽季期間從未上過場。我想，教練可能認為我隊正運用一套簡單、基本的進攻方式，對我而言，那是一個能在第一次上場就可以好好表現的絕佳機會，足以一舉建立我的信心。」

對球員而言，這條決勝線就是拿到球，舉步後退，跳起來，然後突然將球攻入的關鍵線。這樣一來，狄恩就可以來個底線得分。但實際上狄恩是怎麼做的呢？

「我開始指揮進攻，結果拿到球後又漏掉了，並且被推倒在球的上面。這真是我從未經驗過的噩夢。記得家父常說些令我厭煩的話：『你應該做好坐冷板凳的各種準備！』那一天，我並沒有做好這種準備。真是不聽父親言，吃虧在眼前啊！」

從那次慘痛的經歷後，狄恩就對任何可能意外面臨之事做好萬全的準備。他說：「在電視新聞界，有許多人喜歡嘗試沒有任何準備就想做得很完美的新差事。這是行不通的。你必須做一些準備工作，而這些準備工作做起來還真不容易呢！」

為了應付一些不能預期的事而做好完全的準備，並在投入一件工作前盡可能努力學習，這就是狄恩在高中橄欖球校隊中學來的教訓。

有個執教於美國西南部一所著名大學的女教授，她就是一位凡事預先做好準備的支持者——特別是正式的課業報告。她說：「五歲時，就有人問我長大後要做什麼？我回答：『只要能不斷學習，我倒不在乎將來做什麼！』」

她繼續說：「這一點，我倒是真的做到了。」

她對念書真有一套，在四百位高中畢業同學中名列第四。求學階段有許多老師鼓勵她，數學及音樂更是她的拿手科目。但她對學校課業的興趣並未限定於教室內的發展，她抽出時間參加了學校的樂隊、管弦樂隊、合唱團、法語社、數學研習社及西洋棋社；同時，她還加入女童軍，接受求生訓練課程，並且抽出一部分時間做些女童軍應該做的事。

大學四年，她在課業上積極進取，廣泛地參與課外活動，都和高中一樣。她對數學及音樂的濃厚興趣依然不減，並對電子琴產生了一份偏愛。當然，她依舊用這種學業與課外活動並重的方式念完大學。四年的大學生活再次獲得成功：畢業成績名列全班前十名。畢業後順利進入研究所——首先是醫學研究所，然後是法律研究所。事實上，在25年的求學生涯中，她從未失敗過。

目前，她保有一個正教授的職位，享有很好的待遇，並且家庭生活十分美滿。在從事教書的生涯中，她幾乎沒有遭遇過性別歧視的事。照她自己的說法，這或許得力於她的充滿朝氣，以及她對醫學及法律方面的知識有著全面而精深的了解。

5·訓練自己的職業技能

世間有許多善良誠實的男女，工作辛勤，粗衣陋食，想積下一些金錢以備將來之用。但是，就因為缺乏職業、商業知識，到了中年或中年以後，仍無多少儲蓄足以回報他們的勤儉和刻苦；待垂垂老矣，所存下的錢仍不足以作為疾病及養老之本。

許多青年從學校畢業時，滿腦子都是各種學說、理想，卻獨缺一種職業技能。不論男女，如果不曾在實際的職業和社會知識上打下相當的根基，就不應讓他（她）畢業。在高等學校中更應如此。

社會中有一類人，他的生活與幸福的基礎就建立於社會大眾對職業情形的無知上。這類居心不良的人總是利用那些不知該怎麼保護自家財產之人的弱點，騙取他們的金錢。這類人知道，一個誇張的廣告、一張措詞巧妙的傳單、一套迷人的說辭，可以將那些忠厚的人辛苦賺來的金錢通通納入自己的錢袋。

一個堅強刻苦的人，一個不斷同貧窮奮戰的人，一個每一分金錢都是用血汗換來的人，會在不經意間讓自己辛苦積下的錢從自己的手中漏失，落到那些最不可靠的投資項目上。他們「捨得」將自己的金錢送給相隔千里，自己不曾謀過一面，並且對於其人的行為毫不熟悉的那麼一些人，真是太可悲了。

許多人因為將「代理」全權賦予律師或商務代辦，落得悲慘的結局。大多數不通世故的人都不明白「全權代理」的真正意義與重要性。所謂「全權代理」，即是賦予別人處理你的財產就像處理他自己的財產一樣的權力，即是使別人代表你的人格。受你委託的人可以任何看似合理的原因代簽你的名字。他可以任意支配你，從銀行支取你的存款，代表你做一切營業。至少，在處理營業事務上、法律上，他全權代表你。切記：要委人以全權代理，對於人選必須十分審慎。除了品行、人格為社會所公認，其商業知識及對人對物的經驗都應極其豐富，否則不應輕加委任。

為了使你的家庭長久幸福，心境平安，為了保護你辛苦得來的財產，不管從事何種事業，千萬不要忽略掉一種健全而完備的職業和社會知識訓練！它可以使你免受他人的欺騙，免受許多負累、痛苦與艱辛，免嘗家道中落、財產蕩盡的苦味，避免淪為詐騙的傀儡。

保存金錢、儲蓄金錢，比賺取金錢難得多。掙得了金錢之後，怎樣處理、妥善保存，這在熟悉世故人情、深黯商業知識的人，尚且是一件難事，又何況是那些絲毫沒有受過職業訓練的人呢？

職業學校、商業學校，可以幫助人們得到很好的訓練。有了這種訓練，可以使千萬個家庭免於敗落，大多數人過快樂安康的生活而不致處於貧窮愁苦之中。

第7章

不要陷在窮人的思維

你一直在努力工作並使別人變得富有嗎？
大多數人年輕時都會到別人的企業工作，
並使他人變得更富有。
也許，你和他們一樣，
並沒有找到自己的財務快車道，
卻幫助其他人進入快車道；
勤奮工作一生，不是為自己的事業忙碌，
而是為其他人的企業辛勞。

1．陷入債務危機

社會上有90%的人在為別人工作或是自以為快樂的自由業者。這與他們在學校所能學到的技能相關。當他們離開學校時，他們很快就陷入債務之中。他們陷得如此之深，以致必須與工作聯繫得更緊，好支付各種帳單。

很多年輕人靠助學貸款完成學業。當然，為了接受大學教育，欠了幾十萬元債務，他們必定感到非常沮喪。如果父母為他們交學費，他們的父母又可能財務緊張。

目前很多人在學生時代就已開始使用信用卡。從此，他們的一生都在負債之中。

觀察一般人的生活，我們會發現，他的財務記錄通常是這樣的：上學，畢業，找工作，賺了錢後消費。

一天，他遇到了某個特別的人，兩人一見鍾情，墜入情網，然後結婚。一段時間內，生活很幸福，因為兩個人的生活費用和一個人的花費差不多，而他們都有工作，成了雙薪家庭。於是，他們能拿些錢出來購買年輕人所嚮往的東西——自己的房子。他們找到了理想的房子，拿出儲蓄，支付了頭期款，然後按月支付貸款。因為他們有了一所新房子，於是新的家具又成為下一個目標。

生活是美妙的。他們把所有的朋友都找來參觀他們的新房、新車、新家具和新電器用品。接著，孩子出生了。

這對教育良好、工作努力的普通夫婦在把孩子交給幼稚園之後，突然發現，他們必須節省開支，更努力工作。他們必須尋求職業保障，否則不到三個月就會陷入絕境。你經常會聽到這類人說：「我不能停下來，因為我有帳單要付！」或者像舞台劇中的一首歌所唱的那樣：「我欠了債，我欠了債，因此我得去工作。」

2．窮人的成功陷阱

窮人很努力地工作，但他更多時候是在為別人打工。由於他的努力，他獲得提升並承擔更多的工作，因此他花在孩子們身上的時間越來越少。他早上很早上班，常常是下班回到家時，一家人都已經睡覺了。這就是窮人努力工作，獲得成功後的結果。成功使他的閒暇越來越少，儘管他得到更多的金錢。

3．窮人的金錢陷阱

窮人在工作中管理不到錢和人，雖然他自認為他管理著很多錢和人。比如羅伯特‧清崎的父親，身為州教育廳廳長，統轄幾百萬美元的預算和幾千名雇員。但那些錢不是他創造的，而是納稅人繳交的。他的工作是花掉它。如果他不花掉這些錢，來年他能掌握的預算會減少。因此，每個財政年度快結束時，他都會想盡辦法花光預算中的錢。這意味著他通常要雇用更多人去使下一年的預算顯得合理。然而，他雇的人越多，他的問題也越多。

窮人可能非常愛讀書，在其它方面很有造詣。但他們的財務知識通常十分匱乏。他們對數字很困擾，必須聽取會計師的建議。所有的人都在告訴他：你的房子是一項資產，它是你最大的投資。

因為有這樣的財務建議，窮人工作得更加努力。每次由於他的努力工作而獲得提升時，他的薪水就會增加；隨著薪水的增加，他所處的稅率等級也不斷提高。由於他處在較高的稅率等級上，所以他的會計師和稍有權勢的親朋告訴他，應該購買一所更大的住房，這樣才能夠免除利息支付。他掙了更多的錢，但結果是他的賦稅和負債都增加了。他取得的成功越大，工作得越努力，他與他所愛的人共同度過的時間就越少。很快，所有的孩子都離開了家，而他仍在努力工作以便支付所有的帳單。

窮人總是認為，下一次提升和加薪將會解決他的財務問題。他始終沒能意識到，他掙得越多，負債和納稅額也越多。

窮人越是窘迫，就越需要依賴職業保障；越是依賴工作，就越是鼓勵他的孩子們去「找一份更穩定、更有保障的工作」。

他越是感到不安全，就越想尋找安全感，其後得到的卻是更多的不安全。

4．尋找財務的自由

許多人時時在尋找財務的自由和生活的幸福。問題是，他們沒有被培訓得適合創業或投資。為此，他們把對財務自由的追求限制在努力工作這一範圍。不幸的是，財務安全或自由永遠無法在為別人工作中獲得。真正要獲得安全和自由，必須做個創業者和投資者。

第8章

努力實現財務自由

盡早退休的決定是一個思想和精神改變的過程，
而不是體力增減的過程。
如果你在思想和精神上做好了準備，
身體力行就變得很簡單了。

1．退休帶來的經濟問題

退休後收入的來源包括：國民年金、各種壽險、個人投資和儲蓄。

一般說來，退休者不需支付諸如房屋和車子的分期付款，孩子也長大了，可以自力更生，上班的費用（置裝費、交通費、人際費用）也不用支付。以上這些因素都會減少對收入的需求。但是，還有其它一些相反的因素會增加對收入的需求，這些因素主要包括醫療費用、旅遊費用，以及從事一些自己愛好的活動（如收藏、集郵和養寵物）。綜合考慮以上兩方面的因素，大致上，退休後的收入需求為退休前的70～80％。

為了滿足退休後的需求，必須保持一定的收入來源。具體地說，就是要靠退休前的規劃：儲蓄的利息收入、增值分紅的保險金，以及各種投資等等。

除此之外，你每年都要仔細重審你的財務計畫。你必須考慮到各種不同的情況，比如政府對於社會保險政策的改變、投資回報率與計畫回報率的差別、通貨膨脹率與預期的不符，分析它們對你的財務計畫所帶來的衝擊。你必須選擇一種合適的財務計畫，使之在絕大多數情況下都能實現你預定的目標。

認清以上的問題後，再規劃你的退休生活。這要分為兩個階段。第一階段是你和你的配偶身體健康、獨立生活的日子。在這個階段，為了得到一些額外的收入，你甚至可以出去找一份工作。第二階段就是那些腿腳不太靈便的日子。在這個階段，你的身體不如以前了，日常生活需要別人照顧。你不能掙錢，卻還要付錢，尤其是醫療開支。這個階段花的錢太多比第一階段多得多。所以，你要問自己以下的問題——

(1)你想在什麼年紀退休？你會因為經濟原因而不得不推遲退休嗎？

(2)你需要在退休期間支付貸款嗎？如果是，你的退休生活就要節衣縮食了。

(3)你還需要為生計而工作嗎？你想幹什麼？你打算幹你從來沒有做過的工作嗎？

(4)目前你還能夠做其它什麼工作（即使你並沒有計劃做這個工作）？

(5)你怎麼打發空餘時間？在空餘時間所從事的活動當中，哪些活動花錢最多？

(6)如果花錢太多，你會放棄某種特別的愛好（如旅遊）嗎？

(7)你可能會面對什麼樣的健康危機（慢性病、心臟手術、不斷加重的關節炎等）？

(8)你能承受多大的投資損失？

(9)你有遺囑、固定的保健醫生嗎？

考慮這些問題，對如何規劃退休生活有兩個非常重要的意義：第一，它幫助你計算你實際上有多少錢，你的退休生活需要花多少錢。第二，你能想像出你的退休生活會是什麼樣子。這一點非常重要。

回答了上面的問題，你就能清楚地掌握你的未來。既然這樣，你今天就得對自己的工作和生活進行調整，以便退休的時候能夠按自己的意願生活。

2．制定一個快速計畫

從金錢上看，大多數人還是處於慢車道，眼睜睜看著快車從自己身邊超過。如果你想快速致富，那麼你的計畫必須包括一系列快速的思想觀念。

若要修建一座房子，大多數人首先會請一個設計師，列出一系列計畫。但是，當同樣這些人要制定自己的財富或未來的計畫時，卻很可能不知道從何做起。很多人從來沒有訂出自己的財務計畫、財富藍圖，只牢記父母的叮嚀，努力工作，積極儲蓄。

3．調整步伐，緊跟時代的變化

很多人討厭時尚、音樂和技術的改變，他們不喜歡打擊音樂，不想上網，樂於看到很多網路公司紛紛倒閉。他們仍然遵循工作安穩、醫療保險等觀念。

有些人主動迎接挑戰，有些人則逃避改變。後者尋找不受網路影響的工作。比如，他有可能找個教師工作，即使他並不喜歡孩子。他只想在急劇變化的世界中尋找一個安穩，不會被解雇的工作。

他可能會花大錢購買一家永遠不會受到網路影響的公司。他覺得自己已經老得無法學會利用網路進行交易。

他沒有為退休做任何準備，打算一直工作到完全做不動的那一天。

在貧富差距日漸擴大的當今社會，他很可能更加落伍。航船正緩緩離岸，駛向有更多機遇、財富、幸福的新天地，但他選擇了逃避。

他的思想還停留在遙遠的過去。

4．預見未來，使你致富

想致富，就需要不斷地開闊視野，站在時代的前沿，洞察未來。

約翰．洛克菲勒因為看到大眾不斷增長的汽車需求以及隨之而來的巨大的石油需求而致富；亨利．福特在只有富人才擁有汽車的時代，看到中產階層渴望自己擁有汽車的現狀而致富；比爾．蓋茲在ＩＢＭ的那些年邁而聰明的決策者看好單片機的時候，預測到ＰＣ機的美好前景，從而成為富甲天下的超級富翁。年邁的ＩＢＭ決策者沒有像亨利．福特那樣思考問題，所以斷送了ＩＢＭ的未來，成就了微軟公司。那些創建了Yahoo, Netscape以及其它著名網路公司的年輕人因為洞察到未來的美好前景，大學未畢業就變成了億萬富翁。如果你錯過了駛向油田、電腦、網路時代的船，不必擔憂，下一班航船又要起航。別沉溺於過去，以免錯過下一班航船；或者情況更糟，搭上了鐵達尼號，儘管它看起來大而安全，性能很好。

如果你已下決心為自由而戰，就必須為未來制定一個計畫。就像約翰・洛克菲勒為汽車工業的未來做準備，比爾・蓋茲和邁克・戴爾為電腦時代的到來做準備一樣，你也必須為未來即將出現的機遇做好準備。不這樣做，你就可能投資已經過時的項目，而過時的投資肯定沒有什麼好的前景。

為了自如地退休，你很需要為未來做些訓練。正如ＩＢＭ的那位高級經理說的：「成年人預測未來時，常犯的錯誤就是從他們自己的眼光出發。那就是很多人無法洞察到即將來臨之變革的原因。」也許ＩＢＭ公司已經從年輕的比爾・蓋茲那裡接受了教訓。那個教訓就是：想洞察未來，你就需要從一個年輕的視角出發。如何應對時尚、音樂和技術的變化，反應了一個人思考方式和思維變化的靈活性。一味地固守過去的東西，不能與時代同步，你只會失去未來。

預見未來的另一條途徑就是研究過去。很多成年人失去或錯過了未來，就起因於他們制訂未來的計畫時絲毫沒有考慮到過去。

第9章

富人理財和你不一樣

成功的理財者對目標總是堅定不移。
但是，通向成功的途徑因人而異，因事而異。
常言道：條條大路通羅馬。
我們必須善於學習和研究，
從中找出他人成功的經驗和失敗的教訓。

1．葛林斯潘的家庭理財觀

葛林斯潘是執掌美國經濟巨輪的舵手。柯林頓說：「他的智慧和管理才能不僅在美國打消了人們的種種疑慮，在全世界，他也堅定了人們的投資信心。」所有的投資者都希望從葛林斯潘的言談中捕捉到他對利率及經濟走向的看法，因為他的一個暗示可能就會使他們發財或者破產。對於葛林斯潘的成就及影響，《葛林斯潘傳》的作者季思聰說得最形象、最貼切：「柯林頓跺跺腳，打顫的不過是白宮；可這老頭兒一打噴嚏，全球就要下雨。」

葛林斯潘在投資方面的特點是：主要投資於債券，而且都是短期國債。他說：這是為避免作弊而做的投資選擇。因為他負責制定各項利率政策，對股市具有決定性的影響力，如果把大量資金投資在股市或長期債券上，所有的人都可能跟著他的選擇走。這樣，股市、債市就失去它們的意義了。

一九七四年，葛林斯潘擔任白宮首席經濟學顧問，收入大增，投資也開始增加，他逐漸形成了一套自己獨有的理財觀——

一、如果你在三年內要用到這筆錢，最好不要把它投向證券市場。一九七五年，他想購買一套新住宅，但他已把大部分的錢都買了股票。他不願賣這些股票，只好放棄了購屋計畫。

二、每個月用來償還分期付款的錢不能超過總收入的50％。有一段時間，他每個月都要支付鉅額的房貸和車貸，日子過得相當窘迫。這給他留下很深刻的印象。

三、選擇最佳的生活伴侶，支持自己的理財計畫。他的第一任妻子瓊•米歇爾用他所有的積蓄買下一套住宅，破壞了他的財務計畫。現任妻子安吉爾則很會理財，在她的協助下，他們的家庭資產從一九九七年的59萬美元，一年後增長到了92萬美元。

四、要有規律、有系統地投資。間斷而散亂的投資會使財產遠遠低於應持有的水準。

2．李嘉誠的理財三祕訣

李嘉誠在地產業的卓越貢獻，常常讓人讚歎不已。

二十世紀五〇年代後期，香港經濟進入了繁榮時期，人多地少的矛盾日益突出。李嘉誠精準地判斷：投身房地產業的時機到了！於是，從一九五八年開始，他有計畫、有選擇地購買房地產、地皮。他在香港北角買了一塊土地，建造了一座大廈，拉開了他房地產生意的序幕。接著，他又在柴灣購買地皮建樓。兩座大廈，總面積共計十二萬平方呎。這兩座大廈不久便順利出手，他因此大賺了一筆。

五〇年代末期，各類資訊表明：香港將步入工業化時代。為了促進這個時代早日到來，政府將實行高地價政策。李嘉誠看準情勢，當機立斷，買下了新界屯門鄉的一塊地皮建造工廠。六〇年代初，他大規模進軍地產業，在地皮上大做文章，短短幾年內便買下上百萬平方米地皮。不久，香港的地價、房價暴漲，他由千萬富翁一躍跨入了億萬富翁的行列，成為香港地產業的大亨。

六〇年代中後期，香港人心浮動，投資驟減，房地產價格猛跌。一些商人紛紛拋售地皮。此時，李嘉誠反其道而行之，幾乎把全部資產都轉入地產業，光買不賣。在別人看來，他簡直是瘋了。他卻獨具慧眼，說：「我看準了它不會虧本才買的。男子漢大丈夫還怕風險嗎？怕就乾脆不幹。」這樣一來，他的地產業進入了第二個高潮期。

當時，那些目光短淺的商人擔心中國會不會以武力收回香港，紛紛低價出售自己多年苦心經營的工廠、商號、酒樓、住宅等，遷居國外。正相反，李嘉誠卻始終保持一種「風物長宜放眼量」的觀點，公開宣稱：「你們大拍賣，我來大收買！以後，你們會追悔莫及！」於是，他一座接一座地買進大樓，又趁建築材料疲軟之時大興土木，建起一座座高樓大廈。

七〇年代初期，香港地價再次回升，房價上漲。又一次樓房告罄，利潤成倍增長。

身為一個有遠見和膽識的企業家，李嘉誠並沒有就此在地產業上止步，而是馬不停蹄，再創佳績。他果斷的性格和過人的魄力是他成為富豪的基礎。他有一句話說得好：「再有錢，也不能浪費；再花錢，也要花到實處。」這就是他對金錢的態度。

他的許多理財祕訣很值得我們學習。他自己總結了三條理財祕訣——

1．30歲以後要重視理財 20歲以前，所有的錢都是靠雙手辛勤工作換來；20～30歲之間是努力賺錢和存錢的時候；30歲以後，投資理財的重要性便逐漸提高；到中年時，賺錢已經不重要了，重要的是應該如何管錢。

2．要有足夠的耐心 如果一個人從現在開始，每年存一萬元，把每年存下的錢都投資到股票或房地產，他會因此獲得每年平均20％的投資回報率，四十年後財富會成長為一億元。聽過李嘉誠演講的人，都會提出疑問：「要四十年才能成為億萬富翁，時間太長了。您是否能傳授我們一些快速理財致富的祕訣呢？」

理財必須花費長久的時間，短時間內是看不出效果的。一個人如果想利用理財快速致富，那他就一點指望也沒有了。按照李嘉誠的祕訣，熬了漫長的十年，僅能買回一部車，離億萬富翁太遙遠了。因此，理財者必須有一個心理準備，理財活動是「馬拉松」競賽，絕不是「百米衝刺」，比的是耐力而不是爆發力。

3．先難後易 每年年底存一萬元，平均投資回報率有20％，即使經過了二十年，資產也只累計到二百萬元，距離一億元仍然相當遙遠。只有在繼續奮鬥到四十年之後，才能登上億萬富翁的臺階，擁有一億元的資產。

但李嘉誠坦言相告：賺第二個一千萬要比賺第一個一千萬容易得多。

3．比爾．蓋茲的理財之道

曾幾何時，在《富比士》雜誌排定的全球富豪排行榜上，微軟公司總裁比爾・蓋茲連續三次名列榜首。據報導，蓋茲所持的微軟公司，股票市值達七六五億美元之多。除此之外，他還擁有一一五億美元的資產，存放在他的個人帳戶和兩大基金上。

據《上海譯報》報導，比爾・蓋茲聚財的速度快得驚人，他僅用了十三年時間就積累了如此龐大的資產。那麼，他有何理財之道？投資祕方又是什麼？他是如何運營這份鉅額資產？美國《財富》雜誌為此採訪了蓋茲的投資經理曼克爾・拉遜。拉遜披露：這位世界首富傾向於分散風險的投資。

一、組合投資

組合投資就是堅持不把雞蛋放在一個籃子裡——這是一般美國人的習慣做法。蓋茲擁有股票、債券、房地產的投資和對公司的直接投資。

據報導，蓋茲的兩個基金中，其絕大部分資金都投向政府債券。在他除了股票以外的個人資產中，美國政府和各大公司的債券所占比例竟高達70％，其餘部分的15％直接貸給了私人公司、10％投到其它股票上、5％投到商品和房地產上。這就是他的組合投資，嚴格執行了「分散風險」的原則。

二、投資債券

如前所述，比爾・蓋茲對個人資產的投資原則是重點傾向於風險較小的政府債券。據曼克爾・拉遜分析，蓋茲可能覺得自己90％多的資產已集中在一家公司（即他自己的微軟公司）的股票上了，由此他更有理由加大其餘資產對風險極小的債券投資。他的實際情況決定了他的投資原則。

實際上。蓋茲最初是把他的絕大部分資產都押在「微軟公司」上，有違「不把雞蛋放在一個籃子裡」的忌諱。一旦「籃子」破損，毫無疑問，必會殃及所有的「雞蛋」。蓋茲非常清楚這一情況。自「微軟公司」股票上市以來，他平均每季度賣掉的「微軟」股票達五百萬美元。

三、委託專家理財

比爾・蓋茲雖是電腦奇才，卻還稱不上能人。為此，他在一九九四年重金聘請了年僅33

歲的「金管家」，一位名不見經傳的毛頭小伙子——曼克爾・拉遜。這位芝加哥大學畢業的工商管理碩士不負蓋茲厚望，在資本市場屢創佳績，使得蓋茲的個人投資基金增值神速。一九九四年，蓋茲在微軟股票之外的財產僅為4億美元。不到五年時間，已增值近三十倍，高達一一五億美元，其中50億美元是他的私人投資，另外65億美元分為兩項基金，即蓋茲學術基金和以其父之名命名的威廉・蓋茲基金。這兩個基金的每年納稅額已超過了名列《財富》五百家中的後幾家公司的淨收入。

四、生活開支精打細算

一次，蓋茲與一位朋友同車前往希爾頓飯店開會。由於去遲了，沒有找到車位。他的朋友建議把車停在飯店的貴賓車位。

「噢！這要花12美元，可不是個好價錢！」蓋茲不同意。「我來付。」他的朋友說。

「那也不是好主意！」蓋茲堅持道：「他們超值收費。」

什麼原因使蓋茲不願多花幾美元，將車停在貴賓車位呢？原因很簡單：他深懂花錢之道——該花的錢，再多也得花；不該花的錢，再少也不能花。要讓每一塊錢、每一分錢都發揮出最大的經濟效益。

五、遺產分配的獨到見解

比爾·蓋茲認為，富家子弟在錢堆中長大，一輩子不愁吃喝、不愁穿戴，生活無憂無慮，揮金如土，逍遙度日，缺乏生存能力，更談不上競爭。即所謂「豪門出敗子」。基於金錢可能對孩子帶來的傷害，他遵循「再富不能富孩子」的教育原則，寧可將錢捐給社會，也不願多出一分錢，讓孩子去揮霍。他曾說：「當你有了一億美元，你就明白，錢不過是一種符號，簡直毫無意義。」他和他的妻子最近五年向社會捐款高達十億美元以上。對社會如此慷慨大方，對子女則「吝嗇」有加。他公開宣布：「我不會給我的繼承人留下很多錢。這對他們沒好處！」這或許是常人不易理解之處。

4·美國富翁的理財祕訣

美國最近出版的一本新書《成為百萬富翁的八個步驟》，作者查里斯·卡爾森系統地跟蹤採訪了美國170位百萬富翁，從他們的成功經驗中，提煉出百萬富翁的八個行動步驟，確實很有借鑑性，現摘要如下——

第一步：現在就開始投資。沒錢投資，可將收入中的10～25%強迫用於投資；沒時間投資，可減少看電視的時間，把精力花在學習投資理財知識上。

第二步：制定目標。無論是孩子的學費、買新房子等，都要定個目標，並努力達到。

第三步：投資於股票或基金。「買股票能致富，買政府公債只能保住財富。」從長期趨勢看，股票每年平均報酬率11.9%。

第四步：別眼高手低。百萬富翁並不是因為投資高風險的股票而致富，他們投資的大多是一般績優股。

第五步：每個月固定投資。必須養成投資的習慣。不論投資金額多小，只要做到每個月固定投資，就足以使你超越大多數人。

第六步：買了股票後要沉得住氣。調查顯示，有四分之三的百萬富翁在買了股票後，至少持有五年以上。

第七步：善於利用免稅投資理財工具。把國稅局視為投資伙伴。注意新的稅務規定，使國稅局成為你致富的助手。

第八步：限制財務風險。

第10章

創業改變命運

如果你肯承認你是窮人；
如果你真希望你擺脫貧窮；
如果你認定創業能夠改變命運；
那麼，沒什麼好說的了——快開始行動吧！

1．創業者不選擇貧窮

今天，不管我們是否已經失業，只要我們還得為這個月的房租計較，還得為下個月孩子的學費發愁，還得為生了病要上醫院花錢而恐懼，還得為買一斤菜和小販爭執半天，那我們就沒什麼差別，我們都是窮人。或許很多人的條件比這好得多，但畢竟還要住20多坪的房子，每天坐擁擠的公車，使用便宜的二手電腦，不得不買盜版光碟，不得不坐火車，這樣的人也還是窮人。

我們現在是窮人，都在忍受貧困生活的艱辛。更糟的是，我們現在正在從事的工作也沒有絲毫跡象表明它會迅速改變我們的艱難境地。我們有必要採取行動以走出困境，不能再讓自己繼續忍受貧窮，更不能再讓我們的家人也繼續忍受這種貧窮的生活。

逆來順受從來就不是最好的主意。我們不願接受的東西，與其委屈自己去接受，倒不如奮起身與其抗爭。不要再渾渾噩噩地往下混，也不要滿腹牢騷，抱怨不休，更不要麻木不仁，空等機會。改變命運不能靠別人，因為從來就沒有什麼救世主，也沒有神仙和上帝。改變命運只能靠我們自己，用雙手與汗水實現，用智慧和勇氣實現。

因為貧窮，我們才要改變過往的生活；因為貧窮，我們才要選擇自己創業。為別人打工永遠不能發家致富，為自己幹才是最能成功的途徑。失業沒什麼可怕，貧窮也沒什麼可怕，可怕的是我們身上沒有創業的勇氣，下不了創業的決心。

為自己創業是一個新的開始，因為我們寄望以此讓自己的生活質量變好；為自己創業是一段歷史的結束，我們將從此摘掉貧窮的帽子。有誰希望自己總是窮人呢？

是的，很多人都對財富充滿渴望。美國人這樣評價《富比士》裡登錄的中國商人：「他們都對財富充滿強烈的渴望。」

有個孩子，他很小的時候就對財富充滿渴望，並曾公開在同學面前宣布：「我要在35歲以前成為億萬富翁。」他那時說的這番話並沒有人當真。後來，這個孩子成了世界首富。今天，他的財富位居全球第二。他就是沃倫・巴菲特。

我們是面對著電視機上的彩券號碼一屁股坐在沙發上怨天尤人，還是從沙發上站起來，開始為致富採取行動？當然，我們必須選擇後者，因為創業者不選擇貧窮。

如果把世界上的人分成兩類，你自己是一類，此外的所有人是另一類，那麼，在這個世界上，第一類人總是渴望在精神和物質上得到自我滿足，同時又渴望第二類人會注意自己。是的，因為需要自我滿足，去做自己想做的事，我們才去想辦法改變貧窮；因為需要別人注意自己，我們才要去做一個不平凡的人。這就是我們創業的基本動機。而且可以相信，僅僅需要這樣一兩點動機，我們就完全可以走上創業的道路。以後的道路絕非坦途。要緊的是：

我們現在必須向前邁出這一步。

2．平庸是一種恥辱

現在有一些甘心平庸的人到處宣揚平庸哲學，說什麼平庸是真。在富人眼裡，這是無能的表現。如果你是一個有所作為的人，就該根據你所掌握的知識，去做相應的工作。很多事並不需要很高的學歷，像房地產開發工程，結構不需要你去設計，圖紙不需要你去畫，你只要看著圖紙，把樓建起來就行。而且，你把工程學院的院士叫去幹這活，他比一個普通的本科生也高不到哪兒去。因此，沒有必要非硬著頭皮去讀一個碩士或博士學位。

有些人不是為了學以致用而攻學位，在讀了一大堆學歷之後，其他人已經成為百萬富翁；等他轉了行，找到穩定的工作，當上經理，那些人又已成為億萬富翁。

這些人非常可悲，他們竟然為了一種平庸的生活方式而採用更平庸的實現手段。實際上，他們心裡很自卑，存在著一種強烈的求穩心態。他們考研的目的就是為了今後的工資穩定。他們膽小怕事，不敢挑戰機會和命運，只好去做一個整天端茶倒水、打字聊天的文祕。他們永遠成不了英雄——真正的創業英雄。我們絕不能效法他們，我們要在這個世界上不斷擴大自己的活動空間，成就雄心壯志；我們要不甘於平庸，絕不讓這個世界忽視我們的存在；我們要做精神領袖，做財富英雄……

不錯，一切皆有可能，只要你仍然願意面對挑戰。對我們來說，放棄現在庸庸碌碌的生活就是一個開頭。力量小並不可怕，就怕你不敢改變現狀。

今天，創業者大多是在尋求一種成就感。而且應該說，所有不甘於平庸的人也在尋求這樣一種成就感。這種成就感讓這些人樂於去面對新的生活和挑戰；這種成就感讓這些人願意去披荊斬棘，證明自己的存在，從事業的成功中求得滿足。

3．只要你願意

YAHOO的創始人楊致遠曾說過：「起初沒有人認為YAHOO會成功，會賺錢。他們總是說，你們為什麼搞那東西——實際上，一件事情理論上已經行得通了，它也不一定能成功。但是，如果你認為很難成功也一定要做，你差不多就成功了。」

是的，如果是你真正想做的事，你就要去做，即使認為很難成功也要去做。如果你心愛的人承諾，你若是敢與獅子決鬥，就嫁給你，你願意決鬥嗎？很多人選擇了決鬥，不是因為他們有獲勝的把握，而是因為他們願意。在這個世界上，做不做事，沒有誰會逼你，你沒有必要去選擇可能性很小的那條路，除非你願意。比爾・蓋茲的成功並非來自優異的學習成績。實際上，促使他的整個人生發生轉折的不過是湖畔中學裡一臺別人捐獻的電腦終端機。從那個時候起，他就開始對此著迷，並和另一個孩子一起開始描述他們明天的夢想。今天，比爾・蓋茲成了世界首富，而另一個孩子的財富也排名第三，那個孩子就是保羅・艾倫——他的戰友。

如果你願意，你就要義無反顧地去做；如果你願意，你就不要在乎別人怎麼看你。做你願意做的事，別人說你我行我素也好，固執己見也罷，都不必理會！他們說你不行，是他們沒遠見；他們說你不行，是他們嫉妒你的才華。只要是你自己想做的事，就沒有必要考慮世俗的眼光和事情的結果，自己去品嘗艱辛和欣喜，像偉大的天才梵谷一樣，畫自己想畫的田野、陽光和向日葵，備嘗生活之艱辛，但心甘情願。

第 II 章

激情與勇氣是創業的前奏曲

什麼是創業的激情與勇氣？
「靠我一雙腳，我就敢走遍天下！」
這就是創業的激情與勇氣。

1．英雄本色是豪情

對創業者而言，他可以永遠都得不到投資，卻不能一天沒有激情。激情能讓他義無反顧，且不需要任何理由，激情能讓他歷盡艱辛，仍含笑以對。激情是他創業路上的動力。激情是如此不可思議，它感染了他；最重要的是，它感染了財富。

軟體銀行的總裁孫正義被全世界媒體稱為「日本軟體巨子」、「日本的比爾・蓋茲」、「世界網路經濟的領袖」——如此之多的稱號，源自他奉行的一條最簡單的生存原則——激情。孫正義雄心勃勃，對網路富有極大的激情。不！確切地說，他對自己所從事的所有領域都富有激情。他是一個激情澎湃的經理人。他說：「我還要在不惑之年實實在在地大幹一場。」他每天都在大膽地投資與併購，以至於《商業周刊》這樣評價他：「問題在於，軟體銀行公司能否跟得上它的老闆的勃勃雄心。」

孫正義是韓裔日本人，從小就感受到種族歧視，但他從未放棄對生活的激情。無論是經歷創業時期的舉步維艱，還是度過企業中途的發展危機，他創業20年，激情依舊。在全球網路經濟最低迷的時候，他仍對這一領域的事業充滿激情，而且對未來的前景深信不移。

創業需要激情，一種徒手打天下的拚搏激情，一種為夢想一路狂奔的流浪激情。除了一個想法，我們一無所有，但一往無前的行動激情將把一切的現狀改變。

是的，激情能夠給予我們巨大的力量，這種力量可以讓我們夢想成真。很多二十多歲的年輕人和六十多歲的老年人都在事業上取得了不可思議的成功。究其原因，我們發現，他們大多對自己所投身的事業懷著極大的激情。現在很多人說，如今融資已不是簡單的事了。也許是吧！我們的商業計畫寫得越來越規範，機會卻越來越少。為什麼？因為我們把一樣東西丟掉了。那就是——激情。

我們需要勇氣，無所畏懼的勇氣。要知道，勇敢地直面一切才算是真正的英雄本色，拾起天不怕地不怕的闖蕩勇氣才算是擁有真正的創業激情。創業不是聊ＩＣＱ，也不是解數學應用題。創業不是虛擬，更不是理想化。在現實中，我們每天面對那樣多的困難，我們必須有勇氣去解決，真實地解決。很多事不是做起來困難，而是我們根本沒有勇氣去做。創業就是如此。即使是到街上去賣礦泉水，某些人也沒有這個勇氣。他們感到不好意思，因為很多人盯著他們。但是，要成為一個創業者，就不應該在眾人面前膽怯。實際上，你不能在任何人面前膽怯，即使他是權威者或大人物。

是的，不要被任何眼見到的東西嚇倒，在所有人面前都要勇往直前，不卑不懼。按自己的思路講話和行動，不要因為任何外在的事物而感覺心裡沒底。

創業需要勇氣。不要害怕丟臉，不要不好意思；就算覺得不好意思，也得紅著臉繼續做。這就是創業。「剛開始擺攤時，她很害羞，連頭也不敢抬……」一個記者在講述一個母親從擺地攤到成為跨國公司老闆的傳奇故事時曾這樣描述。

是的，我們要做下去，我們要不斷鼓勵自己鼓起勇氣做下去。創業絕不丟人，它值得我們感到光榮和自豪。

創業，一定要心懷豪情。什麼是創業的豪情？靠一雙腳，我就敢走遍天下，這就是創業的豪情。創業可以什麼都沒有，就是不能沒有創業的魄力與豪情。拿出勇氣，拿出魄力，拿出豪情，改變命運，實際行動——就在這一刻！

2．沒有風險，就沒有利潤

「股市的成功就是人生的成功。」是的，成功者如巴菲特、如索羅斯，他們人生巨大的成功就來自股市。只不過，對大多數人來說，股市絕不是天堂，因為他們從中得到的往往是悔恨、沮喪，甚至絕望。然而，這正是股市的魅力所在：一朝功成萬骨枯。投機市場的殘酷性注定了大多數投資者的命運，但同時它又造就了少數弄潮兒——他們面對風雲變幻的市場毫不畏懼，勇於承擔風險。勝利注定屬於他們。

開創企業和投資股市相類似。世上沒有萬無一失的成功之路，動態市場總帶有很大的隨機性，各個要素變幻莫測，難以捉摸。所以，想在波濤洶湧的商海中自由遨遊，就非得展現冒險的勇氣不可。甚至有人認為，成功的因素便是冒險。做人必須學會正視冒險的正面意義，並把它視為致富的重要心理條件。

在成功者眼中，生意本身就是一種挑戰，一種想戰勝他人，贏得勝利的挑戰。所以，在生意場上，人人都應具有強烈的競爭意識。

「一旦看準，就大膽行動。」這已成為許多商界成功人士的經驗之談。「幸運喜歡光臨勇敢的人。」冒險是表現在人身上的一種勇氣和魄力。冒險與收穫常常結伴而行。險中有夷，危中有利。想得到卓越的成果，就要敢於冒險。

3．冒險是一種心態

為了適應市場環境的變化，創業者除了必須具備堅強的生存能力，還要擁有一定的冒險精神。但首先要心態正確，善於接受新思想、新辦法、新變化，熱愛生活。具備了這些，他才能走上創造的道路，有效率地經營企業。

孩子天生敢冒險，他們不受經驗、習慣、對新環境之恐懼感等等的束縛。如果創業者能像孩子一樣，對世界充滿好奇心，那就擁有了一筆巨大的財富。像孩子一樣並不等於孩子氣；孩子氣是不成熟或幼稚的。像孩子一樣，指的是一種開放、好奇、對世界充滿欣賞、敢於承擔風險的心態。

在我們的成長經歷中，總是被灌輸這樣一種思想——永遠不做冒險的事。媽媽說：「下雨了，別跑出去，免得感冒！」事實上，很多人為了工作和生活的需要，經常冒雨走在路上，而從未感冒過。我們總是被教導去做安全的選擇，避免失敗。事實上，這樣做，絕不會得到成功和收穫。

冒險應具備什麼樣的心態呢？

- 相信自己的能力、判斷；
- 自立的品質；
- 敢於闖入新的領域，樂於冒險；
- 成為「生活的遊客」。

凱雷投資（香港）董事經理Eric Levin特別強調創業精神。他說：「創業精神就是19次創業，可能會有9次失敗。」創業精神包含了很多內容，其中最重要的是冒險精神、勇氣、激情、商業頭腦、自信及頑強的作風。

世界上最大的冒險就是不去冒險，原地不動才是拿生命和前途賭博。不要站在那裡不停地追問：「誰動了我的奶酪？誰動了我的奶酪？」那樣做的結果只有一個。那就是：死亡。

不要追求安穩，不要期求長久的工作和吃不完的奶酪，要展現冒險精神，因為前方的奶酪多得讓你不敢置信。永遠記住一句話：如果你真的想成為領袖或英雄，那就永遠不要害怕。我們必須讓自己成為這個世界上最有魄力的那個人，因為只有那樣的人才有能力和膽量，在任何危機時刻擔當大任。

要成為一個優秀的創業家，首先，在極大的風險之下，必須能夠談笑風生，鎮定自若。敢於冒險是每一個創業有成者必備的素質。矽谷在過去五十年中，孕育了難以計數的高科技產品。但是，比這些產品數量更多且市值更高的是一大批具有強烈冒險激情的各路精英。正是這些冒險家讓矽谷的技術變成了財富，也讓矽谷的夢想變成現實。實際上，在矽谷，十次創業只有一次會成功，有兩次是公司處境不佳，七次完全失敗。但就為了這一次成功，無數身無分文的的窮小子和腰纏萬貫的銀行家都蜂擁到美國西海岸的這塊彈丸之地。他們相信那一次成功的奇蹟。他們知道，失敗了，最多不過讓自己變成一個窮光蛋。但只需一次成功，他們就能大發其財，一夜揚名。

在全球高科技領域，曾經或正在研發的項目可以用兆計數。這麼多項目，有一個共同的特徵——高風險。即使在傳統的經濟領域，失敗的風險也是無所不在。沒有足夠的勇氣冒險，沒有相當的承受能力，要開創一項偉大的事業，顯然是過於天真。這世上沒有無風險的利潤。像很多報紙廣告上說的沒有任何風險，只要你願意投入就一本萬利，你覺得可信嗎？

創業在相當程度上都是風險與利潤成正比，風險有多可怕，利潤就有多誘人。開一家小店面風險不大，但利潤空間也不大。投入一個新興行業，市場的不確定性讓很多投資者覺得沒有把握，但一旦成功，就獲利豐厚。

冒險家是任何時代的先鋒，他們有能力和熱情去披荊斬棘，開拓所有未知或前途難料的領域，這些領域就是下一個時代生長新的經濟奇蹟的種子和造就新億萬富翁的工廠。冒險家可為今日大學、企業和研究所中的無數青年才俊提供導航，讓所有不甘寂寞的青年跟著去打拚天下。這就是創業時代突出的一個形態特徵。因此，我們每一個夢想成就大業的人都應該在這個創業時代到來的前頭讓自己成為冒險家。

4．你能承擔多大的風險？

對風險的承擔，要有一定的限度。超過限度，風險就變成一種負擔，可能對情緒、心理造成傷害。過度的風險會帶來憂慮，憂慮會影響到創業者的工作和生活的各個方面，包括健康、工作、家庭生活、交友和休閒等。比如生活中常看到、聽到一些炒股的朋友因為在股市上輸了錢，竟然怪罪朋友，甚至懷恨在心；有些則夫妻反目，家庭不和；有人「堤內損失堤外補」，股市上輸了錢，就去牌桌上贏，走上賭博的道路；還有人想方設法貪污受賄，彌補損失。因此，當創業者開展各項投資、創新及其它工作時，必須考慮到自己能夠或願意承擔多少風險。這涉及到個人本身的條件和個性。

一個人面對風險時所表現出來的態度，通常可分為四種類型——

(1)進取型。願意接受高風險，追求高獲利。

(2)中庸型。願意承擔部分風險，求取高於平均的獲利。

(3)保守型。為了安全或獲取眼前的收入，寧願放棄可能高於平均水準的利益。

(4)極端保守型。幾乎不願承擔任何風險，寧可把錢放在銀行裡生蠅頭小利。

你可以做以下這項自我測試，以確定自己屬於哪一類型。第一組問題是用來測驗面對風險時所採取的態度。請根據過去的生活經驗，試做解答。問題如下——

(1)你喜歡賭博嗎？

(2)你在投資虧損的壓力下，還能保持良好的心態嗎？

(3)你經常患得患失嗎？

(4)你是否寧可買一支風險甚高的股票，也不願把錢放在銀行裡生小錢？

(5)你對自己的決定是不是樂觀、自信？

(6)你是不是喜歡自己做決定？

(7)站在股票大廳，你還能控制情緒嗎？

答案有六、七個「是」，就是進取型的人；只有一兩個「是」，算是極端保守的人；有三～五個「是」，屬於中庸型。肯定的答案越少，越傾向於保守。

第一組測驗是測出個人面對風險的態度。真要確定承受風險的程度，還必須考慮其它客觀因素，像家庭收入、開銷、撫養的小孩等等。往往，就算你心態上是進取的，現實的情況卻讓你沒有能力去承擔風險。

下面一組問題可以測出你承擔風險的能力——

(1)你有足夠的收入以應付家庭的基本所需嗎？

(2)你和家人的人壽保險夠嗎？

(3)萬一你急需用錢，你有把握能借到足夠的錢以緩解財務困境嗎？

(4)萬一你失業了，你有沒有其它穩定的收入來源？

(5)如果你在股市中損失了部分錢，你能忍受嗎？

五個問題的答案都是肯定的，就屬於進取型的人；只要有一個答案是否定的，就應該列為極端保守型的人，因為你沒有本錢冒險。

5．培養承擔風險的能力

創業者承擔風險的能力來自確定要解決的問題，蒐集相關資訊，全身心投入的過程。在經營企業的過程中，經常面臨許多問題，要解決這些問題，必須蒐集有關的各種資訊。你掌握的知識越多，蒐集的資訊越完備，研究得越透徹，你的問題就能解決得越完善。這一階段，需要一定的工作方法，還需要有一定的承擔風險的能力。如何培養自己具備這種能力呢？一般分為六個步驟——

一、準備

(1)明確問題的特殊性。

(2)全身心投入問題。

(3)研究相關資訊。

(4)廣泛地蒐集資料。

(5)與人溝通、討論與問題相關的想法。

(6)構想主體框架，探討各種可能性。

(7)自由想像。

二、全力以赴

(1)專注於要解決的問題。

(2)從邏輯上明確問題。

(3)蒐集、組織研究資料。

三、醞釀

(1)輕鬆下來。

(2)讓資訊進入你的潛意識。

(3)放鬆。

(4)閱讀有關的經典成功案例，以獲得啟示。

四、敏銳觀察

(1)辨析市場機會。

(2)發覺市場危機。

(3)迴避市場風險。

(4)尋找市場發展。

五、承受能力

(1)有信心。

(2)保持樂觀心態。

(3)直面挑戰性的新事物。

(4)穩定情緒，處驚不變。

六、宏觀協調能力

(1)考慮企業的宏觀管理決策。

(2)淵博的知識。

(3)協調各部門的管理。

(4)超前的思維。

要創造，你必須思維開放，敢於冒險。那些你想讓生活出現任何懸念，生性循規蹈矩的人不可能走出現成的安樂窩。要創造，你就得把自己看成探險者，把每一個新情況、新變化、新經歷都當成學習的機會。對於熟悉的情況，你也要試著以一種新的觀點去對待，從不同的角度處理一些問題，嘗一嘗新口味，穿一穿與眾不同的衣服，走一條新的路線，了解一下那些你暫時還接觸不到的人、事、物、問題，把每一次新的變化都看成是學習、培養自信的機會。

正如培根所說：「自信可以使你敢於嘗試，並且從不氣餒，一往無前。富於創造精神的人要心懷一種健康的自重、不達目的絕不罷休的決心和恒心。」

創業是一系列的選擇。限制自己，是因為不敢冒險，不敢走進陌生的領域。我們需要展現勇闖未知領域的自信。我們也許會犯錯，但我們也可以糾正錯誤，從頭再來，並從錯誤中學到經驗、教訓。挑戰常規，做一個叛逆者。成大業者往往都具有叛逆精神；而探究創造性設想的道路之一就是背離規則。

「冒險是生活中的香檳。」創造性思維既可能是建設性的，也可能是破壞性的。你需要打破原有的模式，才能建立新的結構。

第12章

創富者要成為行業的領袖

一般說來，世界上有兩種類型的人：
一是上司，二是跟隨者。
在你開始工作時，
你就要決定你是否願意在你選擇的行業中成為一名上司，
還是保持當一名跟隨者。補償的差別很大。
跟隨者沒有理由期望得到和上司一樣的補償，
儘管很多跟隨者錯誤地期望這樣的報酬。

——拿破崙．希爾

1．培養優秀的企業家品質

今天，許多企業管理者都是憑著自己的能力和品質而擔任要職。它們包括——

- 組織能力很強；
- 想像力豐富；
- 有非常豐富的常識；
- 有廣博的企業基礎知識；
- 可以信賴；
- 雄心勃勃；
- 願意接受不合口味的任務；
- 善於決策；
- 敢於冒險；
- 熱愛自己的工作；
- 善於控制自己的感情；
- 注意節制自己的享受；

・注意身體健康；

・老練持重；

・有道德、有原則。

任何一位成功的企業家，至少應該具備上述所舉品質的一半以上。

因此，一個人如果想成為上司，就必須專心致志地培養這些品質，使它們成為自己的習性。那麼，如何培養呢？

可以採取以下幾種方式——

・把一部分工作帶回家做；

・工作時間避免閒談；

・自願承擔艱巨任務；

・向公司上司部門寫備忘錄或報告，指出公司存在的嚴重問題，並提出解決這些問題的有效方案；

・比別人工作得更努力，工作時間也更長；

・利用任何機會，表達自己對公司及其產品的興趣和熱忱。

當然，其它還有許多辦法。但是，上面所說的幾種方式中，只要你著手做了其中 種，就不可避免地會接著去做其它幾種。你不妨一步一步去做。因為若是同時培養多種不同的品質，需要做的事太多，一開始會使人感到不知所措。

同時，在正確的軌道上邁出第一步並不難。你所要做的就是先從一種易於培養的品質做起，其它好的品質將隨之而來。這整個過程和登山一樣簡單、明確：一步跨一級。對其它因素過多地揣摩、考慮，只能使問題複雜化。

一個有雄心成為上司的人，應該竭力為自己樹立這樣的形象：完成任何任務，都比別人對他的期望更為出色。任何環境，任何時候，他都可以擔任某些特別重要的工作。這當然不是一件輕而易舉的事，而且往往不能立竿見影。對有志者來說，他的目標是在企業中積極進取，堅持不懈，勤奮努力，不僅把工作做好，而且盡可能做得完美。

也因此，出色的工作顯然要有一種獨創性的工作方法。大量的工作之所以平庸，就是因為方法平庸。換句話說，是一種盡人皆知的方法。用盡人皆知的方法行事，必然做不出優異的成績。要成為企業工作中的優勝者，其方法之一，就是判斷和學習那些成功的上司，看看他們是怎樣細緻地工作。

總之，必須牢記你的首要目的：為了在企業中獲得成功，你必須像一個成功的企業家那樣思考，行動。最好的開端就是培養優秀企業家應有的品質，並使之成為習慣。

一、上司失敗的十項主要因素

我們現在來探討一下導致上司失敗的十項失誤，因為知道何者不該為與何者該為是同等重要的。

1．無法組織細節 有效率的上司必須具有組織與控制細節的能力。一位真正的上司絕不會因為「太忙」而無法履行其份內的工作。一個人，無論他是上司還是下屬，若承認自己「太忙」而無法改變計畫，或無法注意到任何緊急情況，就無異於承認自己無能。成功的上司必須掌握任何跟他職位有關的細節事務。當然，這也表示他必須識人，敢於用人、分權，將瑣碎事務交給得力的助手辦理。

2．不願從事卑微工作 真正偉大的上司會視情況，自願從事任何他要求下屬做的工作。「你們當中最偉大的，要做眾人之僕。」能幹的上司會注意且謹遵這一真理。

3．期待靠「知」而非靠「行」而有所得 世界上絕無靠「知」而獲得報酬的。得到報酬的必是那些肯力行或能督促別人去力行的人。

4．恐懼下屬勝過自己 恐懼下屬可能會取代其位的上司，實際上早晚會讓這種恐懼成為事實。能幹的上司會培養接班人，且樂意將此職位的任何細節都託付給他。唯有如此，身為上司者才可能分身兼顧多處地方，且同時注意到多項事務。有能力交託他人辦事者，他所得到的報酬往往比靠自己勞動行事所得的報酬豐厚。這是永恒不變的事實。有能力的上司可透過自己的工作知識與人格魅力，大幅度提高下屬的工作效率，而且下屬經他指導所付出的服務遠比沒有他協助前要做得更多、更好。

5．**缺乏想像力**　沒有想像力的上司便沒有應付緊急狀況的能力，也就沒有辦法創造出藉以有效領導下屬的計畫。

6．**自私**　想以下屬的工作邀功，自攬光環的上司必然招致怨憤。真正偉大的上司不會邀功。他樂於將任何榮耀歸於下屬，因為他知道，大部分人因讚賞與肯定而賣力工作的程度遠超過純粹為錢工作。

7．**放縱無度**　下屬不會尊重一個放縱無度的上司。此外，任何一種放縱都會破壞沈溺於其中者的耐力與活力。

8．**不忠**　這點或許該擺在名單的第一位。上司如果不能對公司、伙伴（包括上司與下屬）忠誠，便無法久居高位。不忠的人使自己變得糞土不如，且活該受到輕蔑。缺乏忠誠是各行各業中的上司失敗的主要原因。

9．**強調上司「權威」**　帶人帶心，有能力的上司會以鼓勵而非恐懼感領導下屬。企圖在下屬心中鞏固「權威」的上司表現出的是霸道的習性。真正的上司不需刻意標榜自己的權威，只需以行為表現即可，如同情、體諒、公正以及對工作的勝任等。

10・重視頭銜 能幹的上司不需「頭銜」便可贏得下屬對他的敬重。太注重頭銜的人通常是因為他別無其它可誇耀之處。真正的上司，其辦公室的門必然隨時為想進去的人打開，而且他的工作區域總是不拘形式、平實無華。

以上是身為上司者失敗的原因中較為常見的一些，其中任何一項過失皆足以招致失敗。假如你立志要當上司，那請仔細研究這份清單，並須確定自己不會犯這些錯誤。

2・有效影響他人的十個法則

拿破崙・希爾多次強調，要發揮影響力，需選擇適當的方法。下面所提的十種方法，對於創富者來說，大有幫助。

1・避免爭辯或逃避，在異中求同 一有歧見，許多人就會爭辯或逃避。爭辯有多種方式，從採取暴力、公開表示不滿或怨恨，到尖銳的反駁、刻薄的評斷及反諷。逃避也有許多方式，比如退縮，為自己感到抱歉。如此怏怏不樂，只會助長怒火，播下未來報復的種子；另外，也可能使人變得冷淡、不關心、推諉責任。

2・掌握教育的時機 雙方有歧見時是最佳的施教時刻。但有時候該教，有時候卻不該教。該教的時候是：他人未受威脅時。他人若備感威脅，施教的努力只會增加怨恨。最好是等待或創造時機，讓他人覺得較有安全感，更容易接納。當他人需要支持與幫助，情緒低落、疲憊不堪或面臨壓力，告訴他成功的祕訣，無異是教快淹死的人游泳。

3．在限制、規則、期望上制定協議　個人的安全感大部分來自確定的感覺——知道別人對自己的期望、限制、規則是什麼。不確定的期望、易變的限制或獨斷的規定，會讓生活頓失依據，無所適從。

4．堅持原則　承擔他人行為的後果並非義舉，這麼做，會使他們覺得你處理不當。原諒或同情不負責任的行為，只會讓他無法無天。但若棄之不顧或拆穿，又會損害他嘗試的動機。「別放棄，別屈服」的信念是來自負責任、有紀律的生活。

5．幫助在十字路口彷徨的人　我們都不希望自己最關懷的人做重要的抉擇時只憑一時衝動，沒有安全感，又缺乏信心。如何影響他們？首先，行動前必須考慮清楚。別憑一時衝動，傷及現有的關係。其次，了解他們的動機往往是感性而非理性的產物。當你察覺到自己的理性與邏輯無法和他的情緒與感情溝通時，就應該嘗試了解他的語言，而非斥責或拒絕他。這項努力可傳達尊重與認同，降低敵意，減少紛爭。

6．有耐心讓時間證明一切　邏輯與情感的語言，正如同英語與法語一般，南轅北轍。察覺到彼此語言不相通時，可以用下列方式進行溝通：讓時間證明一切。我們若能很愉快地讓時間證明一切，別人也能感受到它的價值。有耐心，等於是說：「我會照你的速度，並且很高興地等待你。你是值得的！」試著去了解，誠心去了解，一定能夠消除紛爭和提防心理。公開表達我們的感受，並言行一致。

7．有效授權——包括授權對員工的好處和授權對企業的好處

授權對員工的好處：

一、發展技能。不會有效授權的小公司老闆常常剝奪了員工提高技能和承擔更大責任的機會。當員工認識到他們沒有機會學習和增長經驗時，很可能會離開這家公司，去尋找有更多挑戰機會和經常得到支持的工作環境。這尤其經常發生在那些最有才幹的員工身上，而這些人正是你最不願失去的。對小公司老闆來說，其日常工作就是為員工提供發展的機會。

二、增加參與。適當的授權可鼓勵員工加深對企業的理解並改進他們的工作。增加工作場所裡的參與感，會提高他們工作的熱情和主動精神。

授權對企業的好處：

一、增大有效產出。充分利用可用的人力資源，獲得最大可能的勞動生產率，並促使員工提出新思路，改進工作流程與操作。

二、提高決策速度與有效性。當一個組織裡與問題最接近的人能夠就解決問題做出決策時，這個組織對環境變化的反應最快。

三、增大作業的靈活性。有效授權，可使更多的人受到同一項工作的訓練。因此，一旦有人缺勤或發生危機，需要平常從事其它工作的人給予幫助時，就可以有不止一個勝任的人選。

四、形成後備隊伍和輪換工作條件。企業上司透過授權形成的後備隊伍和輪換工作條件，很容易找到你不在時代替你監督的人選。

8．讓他人參與有意義的計畫　有意義的計畫對人有正面的影響力。但對主管有意義的事，不一定對部屬有意義。當人們參與籌劃構思，整個計畫就產生意義。我們都需要一個好理由去參與。事實上，對追求無壓力的人而言，生活已了無生趣。有努力的目標，在我們現在的位置與想要達到的位置之間有段努力的差距，生活才會有意義。

9．自然收穫法則　教導耕耘、播種、澆水，而後才有收穫的自然法則。我們可調整整個體制，尤其是薪金制度，以反映「要怎麼收穫，先怎麼耕耘」的觀念。

10．讓結果教導出負責任的行為　我們可以做的善舉之一就是讓部屬「自食其果」，以教導他們負責任的態度。他們可能不喜歡這樣，但受人歡迎與否並不重要。堅持公正的原則，需要更多的真愛。我們關心他們的成長與安全，即使他們有一點點不滿，也是可以忍受的。

3．注重溝通對象的選擇

溝通是人與人之間轉移信息的過程。有時人們也用交往、交流、意義溝通、信息傳達等術語。它是一條獲得他人思想、感情、見解、價值觀的途徑，是人與人之間交往的一座橋樑，透過它，人們可以分享彼此的感情和知識，也可以消除誤會，增進了解。

創業者是企業的經營者，是使事件得以發生的行動者，他們的職責是理解每一件要做的事，然後去做並完成，他們的貢獻是企業得以成功的關鍵。做出這一貢獻的關鍵要素是溝通，它意味著理解他人並為他人所理解。這是創業者的主要工作。創業者的大部分時間都用於使組織內外的人員進行有效的溝通。這些溝通，以許多種形式出現，如透過會議、電話傳真、電腦備忘錄、正式報告等。

在企業的經營過程中，企業經營者主要與下列人員接觸——

- 部門主管；
- 員工（下屬）；
- 同行；
- 顧客（通常是那些有要求、不滿或問題的顧客）；

・產品或服務的供應商；

・信息尋求者。

另外，還有潛在顧客、求職者、顧問等，這些群體中的每一個人都有賴於創業者提供不同水準的溝通，提供不同水準的信息與理解。每一個群體希望從企業上司身上得到的東西各不相同。

一、企業上司與部門主管的溝通

企業上司與部門主管進行溝通的原則有以下五條——

一、讓部門主管真正了解企業上司讓他們做什麼。首先，企業上司要對各項工作指標有一個明確的認識和理解。如果企業上司自己都不清楚它們，也就無法把這些指標傳達給基層員工。員工如果發現指示中存在任何問題或不明確的地方，行動之前就應先問清楚，以得到澄清。員工經過思考後提出的問題不僅能使自己對需要做什麼有更好的理解，還常常導致部門主管對最初可能並不很完善的指示做出相應的改動。

二、確保指示具體明確。企業上司也不要給自己的員工下達一些非常籠統的指示。如果指示籠統，其執行的結果永遠不會令人滿意。

三、部門主管可以提出不同意見，但要在一定的範圍內。企業經營者允許部門主管提出不同的觀點，部門主管也有權討論如何更有效地執行某一決策的具體細節問題。但是，他們不是最終的決策者。

四、為了企業的優化發展，在資源方面、配置方面，上司要取得與部門主管意見一致。

五、企業上司要定期聽取部門主管彙報工作與活動的結果。企業上司與部門主管進行溝通時，所有這些原則都為了一個共同的目標：企業上司要理解部門主管完成的工作，部門主管要將這些完成的情況反饋給企業上司。

概括起來，企業上司在向部門主管發布指示時，要弄明白以下幾個問題——

- 部門主管希望做的是什麼？
- 這項任務的具體目標是什麼？
- 完成這項任務的最佳做法是什麼？
- 企業在這一項目上準備投入多少資源？
- 如何進行工作報告？報告中包括哪些內容？什麼時候需要報告？

二、企業上司與員工的溝通

企業上司要把企業的任務傳達給基層員工並確保他們能夠正確地理解與實施。除了講述要求之外，還必須學會如何說服人。具體的溝通過程如下——

(1)企業上司必須清楚地知道在這一方案上打算傳達什麼內容。

(2)企業上司要對新的方案表現出積極的態度。當討論計畫的實施時，言語中要使用「我們」而不是「我」和「你」的稱謂，強調各個項目都需要團體的努力。

(3)為了進一步強調團隊概念，在一個工作方案正式公布之前，企業上司應與核心員工進行磋商，讓他們參與，發言，陳述其中的部分內容。這不僅表明了對這個項目周全的準備工作，還意味著它已得到員工支持。

(4)以循序漸進的方式傳達所有的指示。把整體任務分割成各個部分，使每一個小部分簡單明瞭，易於理解。

(5)徵詢員工對如何實現目標的建議。使用一定的方法，獎勵他們所做出的貢獻。

(6)不要阻止負面意見的表達，要充分聽取。

(7)不要隱藏信息，要開放。

(8)在員工提出問題之前，不要害怕承認自己還有一些阻礙因素未考慮到。但要給人留下這樣的印象：沒有任何障礙能阻擋得了我們。

(9)制定時間表，分配工作任務。親自負責一些沒有人想幹的最艱苦的工作。

(10)建立彙報體系。企業上司需要知道工作的進展情況。

三、企業上司與供應商的溝通

企業上司常常要和提供產品與服務的組織代表進行接觸。企業在生產經營的過程中，需要購買各種原材料，這就要同各個供應商打交道，以保持雙方的良好關係，得到充足的貨源和優惠的價格。

下面是企業上司與供應商溝通的四項原則——

(1)了解並經常與供應商保持聯繫。

(2)詳細論述供應商產品中的各種問題，使供應商有機會在未造成「大問題」前修改產品中的小毛病。

(3)不要因為與一些供應商代表的私人關係而扮演親信的角色。

(4)每項業務都要提供簽字票據，做到責任清晰。

四、企業上司與顧客的溝通

在企業營銷的過程中，企業上司有時需要親自與顧客進行聯繫。這種聯繫涉及到以下幾個方面——

(1)顧客對服務的要求。

⑵對產品的詢問。

⑶對產品或服務的抱怨。

⑷存在需要解決的問題。

此時，溝通技巧極為重要，因為顧客不是對企業的產品不滿意，要嘛就是希望企業為自己提供某種服務。對顧客來說，企業上司是企業的主人，能夠為其解決不愉快狀況的人。企業上司必須了解顧客的問題，並採取行動，解決問題。

與顧客進行交談時，要記住「顧客是最高上司」的原則。如果他們拂袖而去，企業也就不存在了。要把他們的要求視為指示，並把這些指示具體劃分成三個要素——

·做什麼？

·如何做？

·何時做？

當遇到不友好的顧客時，要靈活運用以下的溝通原則——

一、認真傾聽並領會顧客希望你做什麼。當顧客不愉快時，他們可能會花一些時間數落企業的種種過失，耐心傾聽，常常會轉移他們的失望和憤怒。

二、找到問題的根源所在。覆述問題，以確保你理解了它。僅僅這一條，常常就可能消除緊張局勢，顧客會因自己被人理解而感到寬慰。

三、如果問題不在你的企業範圍之內，請不要推卸，要幫助顧客聯繫正確的部門，並確保有人解決問題。

四確定採取什麼行動，為顧客提供解決辦法。確保顧客明白你將要做什麼以及進行的日程安排。但不要對你無法實現或超出你許可權範圍的事做出承諾。

五、做書面記錄，以保證自己記住所做出的承諾並實施它。做書面記錄的目的是和你自己進行溝通，它常常是一種重要信息的高速公路。

六、徹底解決問題，保證顧客對結果感到滿意。此時，與顧客進行的溝通，主要注重的是他對公司和公司提供的服務有何態度。

七、如果在不同的顧客身上發生同樣的問題或出現同樣的抱怨，企業上司應該重視，尋找企業在某些方面是否出了問題，需要予以修正。

4．良好溝通的九項建議

良好溝通的九項建議是——

(1)溝通前把概念澄清。對一項信息做一個系統分析，使溝通明確、清楚。

(2)溝通者要確定溝通的目標。

(3)聽取他人的意見，確認溝通的內容。

(4)所選用的溝通時間，所用的聲調、詞句和面部表情要適當。

(5)及時獲取溝通對象的各種反饋信息。

(6)保持傳送資料的準確、可靠。

(7)既要注意切合當前之需要，又要注意長遠目標的配合。

(8)言必行，言行要一致。

(9)聽取他人的意見要虛心，做個「好聽眾」。這樣才能真正明瞭對方的原意。

5．有效地激勵員工的積極性

為了實現企業的經營目標，企業上司必須盡最大的努力調動企業中一切可以調動之因素的積極性。他既要合理地利用財、物資源，更要調動使用財、物資源之人才的積極性。但是，為什麼對財物只需要調整、安排就可以，而對人才還需要採用激勵的手段呢？為什麼不採用強制和壓迫的手段呢？

知名學者羅伯特・塔克認為：「強迫手段能夠帶來的只是對命令被動的服從。只有當人們真正被說服了，認識到政策的正確性，他們才會主動且全力以赴地支持。」

「被動地服從」，去實施決策目標，只能得到低效，甚至零效、負效；只有「主動地支持」，才能發揮人的主動性、創造性，從而使企業獲得高利益。因此，企業上司要提高人力資本的效率，使人才發揮更大的作用，就必須採用「誘使」的方式，也就是所謂的激勵手段，透過滿足人才的需要來實現。

由此可見，激勵就是激勵主體透過滿足激勵對象的需要，「誘使」激勵對象更高效率地發揮自身的潛力，以達到預期目標的過程。

6．激勵員工積極性的手段

為了用好人才，有效地發揮激勵的作用是個關鍵。企業上司要根據實際情況，靈活運用多種激勵手段。對激勵手段的選擇，充分體現了企業上司對企業管理工作藝術性一面的把握。下面介紹幾種常用的激勵手段。

1．物質激勵　每個人都有自己的物質需求和經濟利益。物質激勵就是透過滿足個人物質利益的需求，以調動其完成任務的積極性。人對物質的需求是無限的，物質激勵、尤其是報酬激勵，永遠應該是企業上司使用的最基本的激勵手段。物質激勵可以採用多種方式，如加薪、發獎金、改進福利水準、發放獎品等。

2・提升激勵　內部提升機制是值得企業上司注意的一種很有效的激勵方式。這種方式的理論基礎是「馬斯洛的層次需要理論」中的「自我實現需要」。真正的人才往往有著強烈自我實現的需要，他們需要在做出成績之後能獲得提升或被委以重任。若沒有內部提升機制，這種類型的人才常會出現士氣低落的情況，極端者甚至會轉投其它企業。

3・榮譽激勵　榮譽表明一個人在社會中的存在價值，它在人的精神生活中占有重要地位。馬斯洛在「需要層次理論」中就把對榮譽、自尊的需要看成人的第四層次的心理需要。榮譽激勵就是給予表現突出、工作出色的人才表彰或光榮稱號等各種榮譽，以滿足人才的心理需求，達到激勵的目的。榮譽激勵成本很低，用在真正的人才身上，卻常能收到意想不到的良好效果。企業上司必須對此加以重視。

4・目標激勵　按照「需要理論」，人的行動都是為了達到一定的目標。當人們有意識地明確自己的行動目標，並把自己的行動與目標不斷加以對照，知道自己前進的速度和不斷縮小達到目標的距離時，他的行動積極性就會持續高漲。因此，企業上司要為企業內的人才制定一個合適的目標，讓他們信心百倍地完成自己的工作任務。

5・榜樣激勵　榜樣是人行動時的參照系。企業經營者如果能夠樹立起科學、合理的「參照系」，就會把人才的行為導向促進目標的實現。我們常說，榜樣的力量無窮，就是這個道理。榜樣不是僵死的「樣板」，也不是十全十美的聖賢，而是從人們的群體行為中孕育成長起來，被廣大員工公認為在某一方面有過人之處的人。只有這樣的榜樣，才能受到群眾敬佩、信服，從而也就具有權威性。

6・逆反激勵　這種方法並不是直接從正面鼓勵人才去實現某項目標，而是向他們提示或暗示與此目標相反的另一結果，這種結果是他們無法接受的，從而使他們義無反顧地朝著既定目標前進。逆反激勵是一種十分具有藝術性的激勵方法，但不可濫用。

7・激勵員工積極性的祕訣

對如何激勵人的行動，卡耐基做了如下闡述：「動員他人行動的祕訣只有一個。很多人都意識不到這一事實，但其祕訣的確只有一個，即讓人自願努力，而不是強制其行動。」卡耐基本人就是一位善於調動他人之積極性並獲得成功的人。他的座右銘是：「在這裡肯定有比自己更強的人，他們對工作也十分精通，而且比自己做得更好。」

企業上司激勵人才，鼓勵他們行動時，應注意以下原則——

1・使對方意識到自己的重要性　每個人都覺得，在自己的人生中，自己是獨一無二的，再也沒有比自己更重要的人了。沒有人希望受到傷害、輕視。因此，要調動人的積極性，必須先意識到他（她）的存在及重要性，並委任他相應的任務，承認其重要性。

(1)管理者不要一個人決定一切，必須多與員工商量。每個人都喜歡別人與他（她）商量後再做決定。

(2)委任員工相應的職務、任務，與他們共同承擔責任，從而提高、加強他們與你的共同意識。

(3)讓員工參與管理計畫。人們往往對自己參與的事更有熱情。如果員工沒有機會參與管理計畫，就會經常發牢騷，不予合作。而且，即使失敗了，員工也會認為這不是他（她）的責任，而是上司或他人的責任。

(4)正確地評價員工的工作，給予相應的獎賞，以此承認員工的存在及重要性。

2・站在對方的立場考慮、處理問題　不可用強制性的辦法，而應站在員工的立場考慮問題，採取更有效的激勵方法。因為人為了滿足自己的需求，即使赴湯蹈火也在所不辭。透過命令強迫他人是愚蠢的，只有讓別人自覺地行動才最明智。

企業上司在使用激勵法時，要注意如下幾點——

(1)激勵的方向應與企業的發展目標相一致。

(2)激勵必須公正，不要搞平均主義。

(3)激勵必須及時。

(4)激勵面要廣。

(5)激勵要因人而異。

(6)重視過程激勵。

(7)激勵要體現出真誠。

讚揚只要確實出於真心，哪怕只是一個眼神、一句話，都會有意想不到的效果。

第 13 章

經營是創業之後的最大問題

世界上有才華的窮人很多，
他們的貧窮不是源於他們已知的東西，
而是起因於他們未知的東西。
他們往往只將注意力高度集中於提高和完善工作技能上，
卻很少注意掌握經營手段，
提高銷售技能。

1．依靠知本致富

所謂「知本」，即一個人掌握的知識量與能夠控制使用的知識量之總和。而知本資產，就是要學會將個人的知本當作資產，進行經營，並最大限度地將知本變成財富。

一個人時間、精力等各方面的條件總是有限的，其所掌握的知識也很有限。而社會上芸芸眾生可供經營者使用的知識量卻是無限的。這說明了兩個問題——

其一，知本資產與經營者所掌握的知識既有聯繫，又有區別。通常情況下，知本資產應該大於經營者個人所掌握的知識量。

其二，經營者個人所掌握的知識豐富，並不等於其知本資產多，關鍵是要善於控制和使用其他人的知識。只有那些能夠使他人的知識為己所用的經營者才稱得上是知本資產真正的經營者。

另外，經營者應將自己所掌握和控制的知本當作資產好好經營，並儘量使其升值，不要身在寶山不知寶。別忘了，經營者的知本資產再雄厚，都只是潛在財富。如果不能將其變成實實在在的財富，你的知本資產很可能會付諸東流。

做生意離不開知識。有知識可以走向成功，無知識則可能「雞飛蛋打」，最後連老本都賠進去。

人認識世界，大致經歷了「抽象體系——物理體系——資訊體系」的過程。知識不斷發展，認識體系也在不斷發展。在奴隸社會，奴隸的數量是財富；在封建社會，土地的數量是財富；在資本主義社會，資本的數量是財富；在資訊社會，知識就是財富。今天的經營者所擁有的最大財富就是他所能控制使用的知本資產。

科學知識是自然界的一種特殊資源，具有極其特殊的價值。它作為一種智慧結晶，具有學術價值；作為一種科學勞動資料，具有一定的使用價值；作為一種特殊產品，又具有一定的交換價值。知識是世界上真正的無價之寶。

20世紀以來，勞動生產率的提高，有80～90％是靠採用新技術而取得。隨著科學技術的迅速發展，未來35年，勞動生產率的提高將達到8倍；之後，再過40年，可能增長25倍。

生產過程中，勞動者所支出的體力和腦力之比，在機械化初期為9：1；在中等機械化初期是4：6；在高度機械化、自動生產化時期是1：9。

經濟的競爭就是科學技術的競爭。智力，在軍事上透過「計謀」，變成戰鬥力；在生產上透過「科技」，變成生產力；在經濟範疇透過「思路」，獲取經濟效益；在生意場上則透過「遠見」，變成財富。

從前經商，只要有些計謀，反應敏捷，就可以成功；可現在的企業家還必須擁有相當豐富的知本資產，對於國內外的地理、風俗、人情、市場調查、會計統計等都非常熟悉才行。現代公司的管理者不但是划船的，還是掌舵的，蠻力當然要，智慧和眼光更不可或缺。綜觀古今，可以發現一個共同特徵——所有成功的經營者，都有超出競爭對手的知本資產。

今天的經營者最急需的是個人素質和知本資產的提高，用知識與智慧去開啟一扇扇陌生的「財富之門」。

2．經營手段要靈活

美國為了限制進口，保護本國工業，曾做了一項法律規定：在美國政府發出購物招標後，收到美國本土的商品報價單，其價格在法律上將得到承認；收到外國公司的報價單，則一律無條件提升50％。以此增加美國政府購買人選擇本國產品的機會。

在美國法律中，「本國商品」的定義是：「一件商品，美國製造的零件所含的價值必須占這一商品總價值的50％以上。」

日本公司馬上走出非常妙的一著棋：生產一種具有20種零件的商品，他們在本國生產19件，缺少的那一件在美國市場上購買最貴的，然後運回日本組裝，再送到美國銷售。這樣，一方面最大限度地利用了本國的零件和勞動力，另一方面，那「一」美國零件因為貴，則又在這個商品的價值比率上占50％以上，從而在美國法律的定義上，這個商品可以作為美國國內的商品，直接和美國公司競爭。

就這樣，日本公司的產品成功地殺進了美國市場。

一、必要時可採取非常措施

企業營銷當然要有利可圖。然而，隨著市場競爭的激烈，賺錢已不像想像中那麼容易了。所以，常常需要採取一些非常措施。日本富士通電腦公司為了爭奪廣島市水道局的一樁電腦軟體生意，用近似免費設計的標價投標取勝。市政府的此項預算高達一千一百萬日元。當然，富士通公司不會甘願長期賠本，他們採用的是「先賠後賺」的策略。雖然開始不賺錢，但由於電腦的軟體和硬體必須配套，客戶只要使用了富士通公司的軟體，就必須購買它的硬體；客戶一旦使用了富士通公司的電腦，就很可能成為它的長期客戶。富士通電腦公司的這一策略不可謂不高明。

二、積極「創造需求」，主動開闢市場

一般企業開發出來的新產品技術都嚴格保密，以阻止其它廠家仿製，從而達到壟斷市場的目的。美國柯達公司卻「反其道而行之」。六〇年代初，柯達公司欲開闢膠捲市場，但又

深知打開市場的艱難。於是，它獨闢蹊徑，採取了「創造」需求的戰略，即想辦法擴大膠捲的需求量。公司針對一些企業在開發新產品上習慣亦步亦趨的從眾心理，採取先創造需求，後大量推出產品的市場發展戰略。一九六三年，柯達開發出大眾化相機，並宣布允許其它廠家仿製。眾多廠家立刻蜂擁而上，市場上一時出現自動相機熱；相機需求量的暴增，給膠捲帶來了廣闊的市場。此時，柯達公司迅速推出「柯達」膠捲，供應市場，頓時銷路遍及全球，「柯達」成了世界知名品牌。

日本味之素公司初創時，產品無人知曉。為了打開銷路，老闆動員家人、親友及公司職員，每天沿街向所有零售商打聽：「有沒有味之素賣？」如此一再進行，引起了各家零售店的注意，紛紛到味之素公司進貨，味之素終於打進了市場。

上述兩家企業都是主動「創造需求」的成功範例。雖然它們採用的方法不同，但依據的原理都一樣，都是在常規方法行不通時，大膽地另闢蹊徑，從而取得成功。

3．經營策略最關鍵

一位經濟學教授在課堂上問他的學生：「你們中間有多少人能夠做出比麥當勞更好的漢堡？」幾乎所有的學生都舉起了手。

這位教授接著又問：「如果你們當中大部分人都能做出比麥當勞更好的漢堡，那為什麼麥當勞比你們更能賺錢？」

——臺下一陣沈默。

答案其實顯而易見：麥當勞擁有一套出色的商務體系。許多才華橫溢的人之所以貧窮，就因為他們只專心於做好漢堡，對如何運作商務體系卻知之甚少。

世界上到處都是有才華的窮人。在很多情況下，他們之所以貧窮或財務困難，或者只能掙到低於他們本來能夠掙到的收入，不是源於他們已知的東西，而是起因於他們未知的東西。他們只將注意力集中於提高並完善做漢堡的技能，卻不注意提高銷售和發送漢堡的技能。也許麥當勞不能做最好的漢堡，但他們能夠在做出一般水準的漢堡的前提下，做最好的銷售和發送工作。

最重要的專門技能是銷售和懂得市場營銷。銷售技能是個人成功的基本技能，它涉及到與其他人的交往，包括與顧客、雇員、老闆、配偶和孩子的交往。而交際能力，如書面表達、口頭表達及談判能力等，對於一個人的成功更是至關重要。

歐式自助餐經營者之所以成功，乃是它的經營方式能夠自我設限，將市場對象明確地定位在少男、少女這個階層。而現實生活中，更多的經營者卻希望將消費對象一網打盡，結果經常適得其反。這是不同的經營者經營成敗的關鍵所在。

一樣的眼光，一樣的地點，為什麼有人成功，有人失敗？顯然，原因就在於經營能力的差異。

行銷的第一個要素，就是能夠將市場目標明確定位。以辦雜誌為例，最要緊的就是聲明到底我們要抓住什麼讀者，而不是辦一本男女老少、士農工商都適合的刊物。想要群鳥到手，到後來可能連一隻鳥都抓不到！

一般生意也是這樣，你要抓的顧客究竟是主婦或學生，事前都要明確定位。

自助餐廳與服飾店、咖啡店經營的不同之處就在於它運營之初便決定了以20～30歲的年輕人為消費對象，故其內部裝潢、出賣的產品皆針對這個年齡層之顧客的需要而設計。所以，開業以後，連一個廣告都沒刊登，就可能門庭若市。

我們能說這是風水問題而不是經營者的能力問題嗎？

失敗者總會找出一大堆理由，為自己找臺階下。與其這樣，何不花點時間研究為什麼你會失敗，別人又為什麼如此成功？

假如風水果真如此靈驗，世上的地理學家豈不都成了大富翁？

有些生意適合在某些地點運營較佳，有些則不適合。譬如說，適合開法國餐廳的地方，您如果擺家牛肉麵攤，豈不是暴殄天物？同理，應該是賣牛肉麵的地段，硬是要開家法國餐廳，也不太合適。所以，什麼地方適合開什麼店，或什麼店該在什麼地段開設，事先都應做全盤性的考慮。但這與風水絕無關聯。

每位上門的顧客，平均消費是多少？這也是事先應有的計算。以中下階層為對象的商店，收費價格若定在中上水準，下次誰願意再上門被敲竹槓呢？

所謂支付能力，並非完全以個人收入之多寡而定，主要還是看個性。花五百元吃一頓飯，可能有人覺得無所謂，有人卻會心痛好幾天。經營者如果能夠讓顧客覺得：「我花這些錢實在花得值！」他的生意就成功了！

4．採用系統營銷策略

系統營銷策略的要點是：以質量求生存，以創新圖發展，以應變爭市場，以技術做基礎，以價格為引力，以成本促效益，以服務保信譽。面對21世紀的今天，為了在日趨激烈的市場競爭中立足，高財商的經營者常常採用系統營銷策略。

系統營銷策略具體說來，有以下17個——

1．重視預測 沒有科學的預測，便沒有正確的決策。決策是實現目標的重要手段。一個好的決策，不僅能給企業帶來效益，甚至能對企業起到起死回生的作用。

2．揚長避短 企業不論大小，皆有所長、所短，只要揚長避短，發揮自己的優勢，就能獲得生存和發展。揚長避短，發揮優勢，是企業競爭的基本功。

3．把握行情　企業生存空間大得很，競爭的範圍十分廣闊。只要企業經營者具有敏銳的洞察力，看準市場行情，及時推出適銷對路的產品，就能使企業收益大增。

4．提高產品質量　在競爭中，同行產品常常會「勢均力敵」。這時，競爭的勝負便取決於產品質量的高低：兩「品」相遇，質優者勝。因此，有的企業家把產品質量看得比自己的性命還重要。步鑫生就曾宣布：「誰要是砸工廠的牌子，我們就要砸掉誰的飯碗；誰在這個關係企業生死存亡的問題上出紕漏，別怪我廠長不留情面。」

5．開發新品種　對市場緊缺的商品，企業若能選擇適合自己的，迅速研製，投放市場，便可以從「人無我有」中取勝。若再進一步將產品升級換代，則又可以從「人有我新」中取勝。

6．薄利多銷　雖然單件利微，但薄利多銷也很合算。因總利潤不會減少，只會增加。

7．降低消耗　某麻紡廠年產一七〇〇萬條麻袋。由於採取了適當的措施，從而減少了原材料的消耗，使每條麻袋的成本下降一分錢，結果全年多盈利17萬元。

8．優惠大戶　產品如能扎根於重點用戶之中，建立鞏固的「根據地」，企業便有了生存和發展的保障。因此，對重點用戶和大用戶，企業要給予價格優惠，以此吸引他們。這樣，企業可以保持大批量生產，從而降低成本，以廉取勝。

9．**乘虛而入** 市場之廣大，任何企業都不可能囊括一切。也就是說，其中必有空隙可鑽。因此，企業要注意尋找空間，以自己的產品迅速佔領其它企業還未顧及到的地方，捷足先登，出奇制勝。

10．**避開強手** 中小企業力量較弱，不宜與實力較強的競爭對手較量。這類企業應從實際出發，製造自己能造而那些大企業不造或不願造的產品。在佔領市場問題上，應採取先近後遠、從小到大的策略，不要把自己的市場擴大到力不能及的程度。

11．**發展多邊經營** 現代社會，科技成果的轉換速度加快，產品的生命週期縮短，市場變化頻繁。企業想在瞬息萬變的外界環境和激烈的市場競爭中獲得有利的地位，必須實行多邊經營，變單一產品的生產結構為複數產品的生產結構，為企業開闢多條生路和財源，以保障企業的生存和發展。

12．**專業化協作** 許多中小企業資金短缺，技術水準差，競爭能力弱，但數量多，如組織專業化協作，在技術、工藝等方面配套成龍，便可形成群體優勢，以聯合取勝。

13．**開發特色產品** 現代工業生產有一個重要的特點，就是專業化中包含多樣化。即使同類產品，性能、特點也各不一樣。因此，企業的產品只要有特色，就不愁無銷路，大家各憑自己的特色，迎合市場的需要，為企業創造效益。

14．**做好宣傳廣告** 企業要打開產品的銷路，一要靠質量，二要靠宣傳。輿論上若能先聲奪人，顧客就會慕名而來。

15．改善經營作風　在企業競爭中，經營作風十分重要。假如付貨及時，而且送貨上門，負責裝配，指導使用，開設維修點，方便近處顧客，並成立流動修理隊，為遠處買主巡迴服務，對找上門來的顧客熱情接待，而且認真處理用戶來信，做到封封有回信，件件有著落，那麼，一定會為企業贏來盛譽，招來更多的顧客。「主雅客來勤。」竭誠服務，無疑是企業取勝的祕訣之一。

16．提高企業素質　競爭，需要實力。沒有實力，必定不堪一擊。企業的實力由其上司素質、團隊素質、技術素質、管理素質、職工素質等方面決定。企業只有強化這些素質，才能在競爭中戰勝強手，一舉奪魁。

17．尊重知識與人才　企業競爭，說到底是智力的競爭、人才的競爭。誰掌握先進的科學技術和人才，誰就能夠遙遙領先。無數事實已經證明，努力開發智力資源，加速培養人才，是企業最根本的取勝之道。

5．培養發現機會的眼光

機會總是存在的，只要你肯動腦筋，機會往往就在你周圍。很多人總是埋怨找不到發財的機會，其實是因為他們缺少發現機會的眼光。

從事商業活動的經營者，必須具有根據社會變化而變化的新思維和新觀念，絕不能對日新月異的社會變化產生恐懼，相反，還應有一套切實可行的應變計畫，以備不時之需，使自己能夠敏銳地把握住生活中那些稍縱即逝的機會。

通常情況下，社會的變化是以十年為一個觀察範圍。許多精明的經營者都是以此作為自己長遠投資的依據。如果以天或月作為觀察範圍，你可以發現其間的變化幅度甚微。將眼光從十年前到近日逐步觀察，你將會發現有不少變化因為太少，特別容易被人們忽略，但在這些細小的變化積聚之下，就會發生質變。因此，經營者的成功，就在於根據環境的不斷變化，及時進行調整。

20世紀六〇年代末，美國太空人登上月球，揭開了人類發展史上的嶄新一頁。最初，美國政府準備將登月的真相保密。果真如此，人們將無法看到這一人類壯舉。後來，美國政府突然決定向全世界轉播登月實況。

這條消息在各大小報紙上只是作為一般新聞加以報導。歐洲人、美國人，當時都沒有想到有什麼生意可以賺到鉅額利潤。然而，聰明的日本人這麼想：人們競相看登月，不正是我賣電視的大好機會嗎？一家電視機廠商首先打出廣告：「看人類最偉大的壯舉，用××牌電視機最清晰！」這一下立即引起連鎖反應，全日本的電視機廠商都加入這場廣告大戰。然後美國、歐洲商人也驚醒，紛紛參加競爭：「人生難得一看的壯舉，請用××電視機欣賞。」

人類登月給經營者提供了絕佳的成功機會，賣電視機僅為其中一項。它創造了巨大的經濟效益。單是日本一地，一個月就銷出了五百多萬臺黑白電視和二百八十多萬臺彩色電視。

一位高財商的百萬富翁說：「看到機會，並不會自動地轉化為鈔票，其中還有其它因素。簡單地說，你必須能夠看到它，然後必須相信你能抓住它。」

相信自己有能力獲得成功的信心是非常龐大的成功之基石。它可以解釋美國各經濟領域中人們各種行為的變化。而相信自己，又直接取決於對有利之機會的認識。

為什麼有那麼多人在開業之後，沒幾年就失敗了？其中肯定有機會方面的問題：大多數做生意的人並不真的清楚成功的可能性。記住，這並不在於你學了多少，學了多久，而在於你學了什麼，所學的東西是否能在做生意時起到最好的作用。你的大學文憑根本幫不了你的忙；想要獲勝，不會因你沒上過大學、不懂英語、未出生在美國，就使希望落空。

一位成功的經營者指出：「強烈的欲望非常重要。人需要具有強大的動力，才能在好的職業中獲得成功。你必須在心中有非分之想，盡力抓住任何機會。」

想要有效地把握機會，必須克服以下幾個障礙——

1．個人素質的障礙 有些人做不出決策，只是因為他們覺得沒有決策可做。阻礙他們進展的原因是：他們智力有限、記憶貧乏、思想僵化、自身的積極性不高，等等。

2．某些人總想逃避創造性的工作，儘管他們不會承認這一點　一般人有一種意向，選擇常規工作，以代替創造性的活動。事實上，他們不厭其煩地去接受簡易的任務，就是為了避免在發生緊迫問題時，思維受到壓力，或者造成情緒紊亂。

3．過分專注、緊張，會造成停滯和固定狀態　當一個企業家的思維陷入某一問題的泥潭之中，比如他的事業正處於生死攸關的時候，他會變得遲鈍、呆板。他會喪失正確觀察事物，洞察其相互關係的能力，從而做出粗劣的決策或根本做不出任何決策。

4．固步自封，猶豫不決　哈姆雷特不顧一切地試圖解決自己的問題，但囿於各種固有的解決之道，結果束手無策。這種猶豫遲疑的傾向，在企業家中不難找到。

5．海龜式的毛病　海龜受到威脅時，便將頭縮進殼內，以保護自己。牠不敢把脖子伸出來，只有維持固定狀態。同樣，許多經營者也害怕伸出脖子，儘量避免決策。

6．及時回收帳款，確保資金暢通

做生意，賺錢或賠錢都不打緊，就是別賒帳。這是那些具備高財商之賺錢大師的經驗之談。經營者要在最短的時間內用手裡的資金賺取最大的利潤，不論此資金是自有還是借來的，都務求最大的回報率和增長率。在做生意的過程中，越能加速資金的回收，就越能最大限度地發揮資金的增值效應。資金的回收慢，會令資金使用效率大減。此外，積壓產品太多、固定資產過於龐大，也會使資金積壓而不能獲得有效的使用。

每個經營者都會認為生意越多越好。社會上評價一個經營者是否成功，往往也主要看其營業額、增長率和利潤。一家公司可以生意天天有，資金回收問題卻經常被不當地忽略。這樣，做生意的結果，訂單蜂擁而至，並不意味著現金大量流入。假如十個客戶中有九個資金週轉有問題，不能及時付清貨款，那你的公司就會出現非常嚴重的資金流通問題。不能及時付款的客戶，再多也不是好事。因為客戶多，意味著公司不斷接訂單和從事生產，意味著不斷將資金投入生產，可是，所有賒帳交易的貨款又未能收回分毫，甚至連應收款項的零頭都沒能進帳。這種情況下，經營者手裡現金的大量流失，就好似一個突然傷及大動脈的人大量出血。

此外，如果你的營業額增加很多，但會計帳上只是「應收數字」而非「現金」欄的增加，雖然你的生意看起來紅紅火火，卻不一定真的賺錢。因為你「賺」的那些「帳」還不知哪年哪月才能變成實實在在的利潤，或者能否收回來，誰也不敢打保票。其後果很可能是——債權方上門討債，經營者宣布破產。

手裡的存貨不能出手，很多時候還不如垃圾，因為垃圾扔掉就沒事了，存貨還得付倉儲費和保管費。假如要等上一年半載才能清倉，你的資金就會積壓。不論資金是外借的還是自己的，起碼都有一定的利息成本。積壓資金越多，其利息額就越大；時間拉長，利息成本也會相應增高。

建立一個有效的收款程序，是預防公司步上赤字倒閉的關鍵。但如何進行現金管理呢？最基本的原則就是：「盡可能收回應收的款項。」同時，在不損害公司信譽的前提下，盡可能拖延「應付款項」的支付日期。說白了，就是盡最大的可能，讓錢在你的手裡多停留一段時間。

要使自己的貨款回收暢通，經營者應該為公司設計一個明確易懂的信貸控制管理制度。比如客戶的帳單若已超過期限，就應及時採取行動，發出催收通知或停止發貨和交易等。如果確有必要，也可以考慮採取進一步的法律行動。在催收貨款時，一般情況下，以不破壞與客戶之關係為前提。當然，如果客戶有意拖欠或即將倒閉，這就顯示日後你們可能再也沒什麼生意可做了，此時一切以收錢為上，也就不必顧忌與客氣了。

總體來說，經營者對於資金的回收要力求迅速，有時即使壓點價也要快點收回來。千萬不要為了多賺一點點「帳面錢」，將資金死死套住。現在許多大商場經營服裝的經營者都非常明白這個道理。剛上市應時的服裝價格奇高，很快就賺回該賺的錢。等到快過季時，為了不壓貨，盡快回攏資金，幾乎是半賣半送，趕快處理了事。假若經營者懂得使公司資金保持暢通、及時回收帳款的重要性，他的生存機會就會比別人大得多。在生意場上，忽略保有現金的經營者，無異於自掘墳墓。

7．獨闢蹊徑，尋找賺錢的機會

同業多並不可怕，打出自身的特色最關鍵。

原則上，沒有競爭的生意再好不過。所以，一般總認為，在同業多的地方開店，可能會面臨很大的競爭。但實際上，店多的地方，意味著顧客也多。因為同業越多，人氣越旺；人氣越旺，店就越多。這就是所謂的「相乘效果」。

從消費者的立場來看，商店越多的地區，購物自然越方便，選擇的機會也越多。因此，同業越密集的地區，大家賺錢的機會也越多。

以釣具來說，到百貨公司買的人，與到釣具專門店購買的人，層次上有所不同。

經營釣具行較出色的人，從一個幾毛錢的魚鉤、浮標到一支上萬元的魚竿，一定都要具備才行，這樣才能吸引喜好這門道的人上門。然而，百貨公司要做到應有盡有，事實上是不太可能的。

如果一般釣具店的貨色與價錢都與百貨公司差不多，那誰又願意上門呢？所以，這也是為什麼百貨公司一家一家成立，某些專賣店卻仍然門庭若市的原因吧！

一、獨具匠心

某些人之所以能創業成功，就是因為他們在創業的大道上能獨具匠心，開闢一條別人沒走過的道路，才使自己走上成功的彼岸。

可口可樂問世後頭一年，日平均銷量只有九杯，而百年後的今天，已暢銷世界一百五十多個國家和地區，成為無酒精飲料之王。現在可口可樂大約每天銷售三億瓶。根據六〇年代的統計，當時已銷售的全部可口可樂瓶子挨個排列起來，等於從月球到地球往返115次。如果把這些瓶子挨個排成7.5公尺寬的公路，可繞地球15圈。

戈施達升任可口可樂總裁的第一年，出乎人們意料，做了幾件獨具匠心的大事。除了他本人，誰也不會想到可口可樂會以七億美元的重金購買電影公司；除了可口可樂公司，誰也捨不得花五千萬美元去辦個促銷會；除了可口可樂，誰也不願每年花一億多美元去做廣告。

而正是這些用鉅額資金創造的匠心之作，帶來了可口可樂今天的輝煌。今天，可口可樂在世界各國家喻戶曉，在不同語言、不同膚色的人群中，它確確實實無處不在。難怪有人說，如果可口可樂所有的工廠一夜之間全部焚於大火，第二天便會有許多銀行爭著向他貸款。這絕不是危言聳聽。大火雖能燒掉產品、設備和廠房，卻燒不掉可口可樂的品牌和人們對它的深刻印象。

二、能有20％的創意，就成功了一半

從事任何事業，自然必須對這個事業有所認識，但這些認識中的80％並不一定需要自己去開發，例如從專家、企業經營者、自己的親戚朋友或傳播媒介中都不難獲得，而其餘的20％，就需要自己的創意去完成了。

既然80％的部分，每個人都可以藉由任何方式去爭取，那麼，最重要的部分自然就是那20％了。

雖然不是每個行業都可以插手，但多關心周圍的環境，機會來臨時，究竟能不能成功，心裡的算盤稍微一打，就大概可略知一二了。與其花錢請教經營顧問，倒不如花些工夫研究有關書籍。聽聽過去成功者的意見倒是無妨，但終究還是要走出自己的路。

另外，從事任何事業，除了必須具備80％的既存常識外，尚須有20％的獨特創意。能有20％的創意，就成功了一半。

8·為別人服務得越多，你就能越富有

賺錢要以信譽為重。如果不講信譽，這個世界就會變得一片黑暗。無論個人、家庭、企業或國家，如果不講信譽，都將無法在這個世界上立足。

一、賺錢有三個技術

一、「取得術」。必須先創造良好的信譽，才能使一個人、一家公司或企業的收入增加。例如，你若想經營一家飲食店，首先應該要求食品美味、價格公道。這樣，顧客自然願意惠顧，收入也就跟著增加。

收入增多，要注意開銷。否則收入再多，也會出現赤字。一個人、一個家庭、一家企業，都要注意收支平衡，開源節流，才能賺到大錢。

二、「消費術」。狹義的賺錢術僅指「取得術」，廣義的賺錢術則指「消費術」。運用「消費術」，能夠幫助你在短期內賺到錢。實際上，「消費術」並沒有什麼高深的祕訣，只是憑藉你的情報、經驗和決斷力。假定你手邊有一筆為數不少的現款，如果不懂得「增加」的技術，你那筆辛苦賺來的錢可能很快就會貶值。

三、「增值術」。假定你將十萬元拿去儲蓄，按利率5%計算本利，50年後才有十一萬多一點；若拿去投資其它事業，則可能賺取五十萬元甚至幾百萬元。

二、「賺錢」有三層意義

第一層意義：在為別人提供有益的商品和服務的同時，還可以為自己賺到生活費，並有餘款可以儲蓄。這一筆供我們儲蓄的基本額就好比一顆賺錢的「心」，這顆心慢慢擴大，成為賺錢的源泉。我們的財富便從這個時候開始積累。

第二層意義：在「心」鞏固了以後，要想法子增加儲蓄，使現有的收入不斷增多。

第三層意義：積累的財富及祖先留下的遺產，要想法子使它不斷膨脹，不要使它因為物質或其它因素而貶值。

綜合這三層意義，最終目的就是把財產的價值保留到永遠。因此，「取」、「進」、「守」是儲蓄的三個要義。

三、「賺錢」是人類謀生的手段而不是目的

賺錢的目的是什麼？人類的生命僅有短暫數十年，一晃即逝。我們應該使自己快快樂樂地活下去。因此，追求幸福，才是賺錢的目的。

幸福的三要件是精神、經濟、健康。如果這三要件缺少了其中任何一件，都不能算是真正的幸福。金錢喜歡親近幸福的人。能保持這三項均衡的人，財富自然會降臨他的身上。換句話說，這三者也是儲蓄的均衡要件。

做生意是為了獲取利潤，但有的人做生意並沒有獲得利潤，反而虧本。這是因為他做生意一定有某種缺欠。

儘管經濟很景氣，可還是有人虧本；儘管經濟不景氣，還是有人賺錢。不論做哪一行生意，首先該注意的是自始至終都要做「利人行動」。我們要向他人購買布料，必須付給對方報酬；為他人縫製衣服，對方又必須付給我們報酬。我們獲得收入，是因為我們提供了對消費者有益的商品和服務。做生意失敗的最大原因，就是因為所提供的不是「利人行動」，而是「殺雞取卵的行動」。如果你以過高的價錢出賣低劣商品，或所賣的商品無法討人喜歡，顧客將對你失去信心，他們自然不願再來光顧，那麼你的收入就不會增加。因此，信譽是賺錢的關鍵，有信譽，做生意一定會成功。

無論你所製造出來的商品多麼好，如果無人問津，還是賺不了錢。如果你擁有提供良好商品的廠商，以及喜歡購買商品的客戶，就沒有理由發不了大財。因此，做生意時，必須時時刻刻與「良好的廠商」和「良好的客戶」保持密切的關係。這就是成功的祕訣——你為別人服務得越多，收益就越大，從而就會越富有。

第 14 章

以變應變，才不會被改變

企業能夠長存下去嗎？
美國商業銀行前總裁路易士．龍伯格認為：
「適當的經營管理，可以使企業長壽。」
當今市場變幻，風雲莫測，
創業者只有「以變應變」，才能求得生存和發展。
那些安於守成，重複經營，固執己見，
抱殘守缺，墨守陳規的做法，必然會導致失敗。

1．如果你不變，就會被改變

如何認識變化、應對變化，已成為成功創業者的一門必修課。不能適應變化的要求，最終結果只能被社會淘汰。因此，創業者要正確地面對變革，善於應變，解決變革中存在的問題，使企業適應社會變化的要求。

變革意味著風險，意味著對自己過去的否定，意味著擺脫傳統方式。在社會環境發生變化的時期，人們往往缺乏足夠的知識與經驗來保證適應變化。但是，無論應付變革有多麼困難，對於創業者而言，想保證企業生存，只能以應變的態度適應社會。

2．何謂應變力？

創業者的應變力，是指創業者在市場競爭中的應變能力、適應能力。在激烈的市場競爭中，創業者的應變能力、適應能力越強，企業的競爭力必然越強；反之，企業競爭力必然越弱，企業的生存與發展就會面臨重大的威脅。可以說，創業者的應變力是企業生存與發展的基本生命力。

創業者的應變力表現在以下幾個方面——

(1)產品的應變力。創業者能夠根據市場需求的不斷變化，調整自身產品的品種、規格、花色和質量等能力。

(2)市場營銷的應變力。創業者能夠根據市場需求的變化，不斷調整營銷策略和方式。

(3)管理的應變力。創業者能夠根據市場的變化，調整經營管理制度、經營方向、用人用工制度等能力。

創業者應變能力的大小，決定了企業應變力的強弱，它離不開創業者的膽識、智慧和謀略。正因為創業者有膽識，企業才能面對複雜多變的市場，不斷推陳出新；正因為創業者有智慧，企業才能面對複雜多變的市場，不斷調整自己的營銷方式和策略，開闢新的市場；正因為創業者有謀略，企業才能面對複雜多變的市場，不斷調整自身生產要素的組合、生產經營管理制度、生產經營方向等。

因此可以說，創業者的應變力是企業在競爭中取得主動和優勢的來源，是企業保有強大競爭力和生命力的動力。

3．培養你的應變力

一、產品應變力的培養

企業之所以存在，是因為它源源不斷地向自己提供自己的產品和服務。如果某一天企業不能向顧客提供自己的產品和服務，那麼，它就失去了存在的價值。

現代市場是一個激烈競爭、複雜多變的經濟環境。在這個環境中，一切都在變，沒有恒定不變的東西。人們的需求在變，變得日益個性化。要滿足這種日益變化的需求，企業就必須提供日益變化的產品和服務，企業的產品就必須具有應變力。具體地說，面對人們不斷變化的需求，企業產品的品種、規格、花色和質量應該不斷調整。只有「以變應變」，企業才有可能存在和發展。否則，它就會「落伍」，甚至「送命」。

企業能否根據市場需求的變化推出新產品，決定著企業的生存和發展。

二、營銷應變力的培養

營銷應變力，是指在市場發生變化的情況下，企業對變化做出反應，及時調整營銷戰略、方式和行為等能力。營銷應變力是創業者應變力的重要組成部分。因此，它的強弱，在很大程度上決定著企業應變力的強弱，決定著企業競爭力的強弱，決定著企業的生死存亡。從市場營銷觀念的形成和發展，企業的營銷活動經歷了以下三個階段——生產觀念階段、推銷觀念階段和市場營銷觀念階段。

1．**生產觀念階段**　是以生產為中心的市場觀念，實行以產促銷，主張企業「生產什麼就賣什麼」。這個階段，物資短缺，消費者需求旺盛，產品供不應求。這個社會經濟的商品市場發育程度不高，是一種「重生產、輕市場」的賣方市場，因而營銷問題不突出。

2．**推銷觀念階段**　是以推銷為中心的市場觀念，實行以產定銷，主張「我們賣什麼，人們就買什麼」。這個階段，由於大量的生產問題已基本解決，企業擔心的不是如何大量生產，而是如何去銷售。由於消費者不會因自身的需求與願望而去主動購買商品，所以只有採取「推銷」刺激，才能誘使其採取購買行為。因此，在這個階段，營銷問題已是一個必須考慮的問題，促銷策略和手段已顯得重要。然而，企業對產品是否能滿足消費者的需求則漠不關心，營銷者採用各種引誘手段進行推銷，並且「貨物出門，概不負責」，是一種「重推銷、輕市場」的市場觀念。

3．**市場營銷階段**　是以消費者需求為中心的市場觀念，實行以銷定產，主張「顧客需要什麼，我們就生產什麼」。在這個階段，企業的生產經營是以顧客的需要和要求為出發點，實現企業目標的關鍵是切實掌握目標消費者的需求和願望，以消費者的需求為中心，站在消費者的立場考慮所有營銷活動，集中全力生產和經營適銷對路的產品，安排適當的市場營銷組合，採取比競爭者更有效的策略，滿足消費需求，獲取適當的利潤。

與生產觀念、推銷觀念相比，市場營銷觀念是一種根本性的改變。生產觀念、推銷觀念都是「以企業為中心」，在從事營銷活動中，只考慮企業自身的情況而不考慮消費需求，迫使消費者接受他們所不喜愛的產品，認為顧客應當適應企業，圍著企業轉。而市場營銷觀念是「以顧客為中心」，在經營中首先分析顧客的需要，然後結合企業的特長，確定目標市場，透過整體營銷，在各個方面充分滿足目標市場的需要，認為企業應當適應顧客，圍著顧客轉，從而真正明確了顧客與企業的關係。

「顧客就是上帝」、「顧客第一」是現階段市場經營的宗旨。創業者不僅要花時間研究消費需求，而且要根據消費者的需求變化，不斷調整產品結構和更新產品品種。消費者是企業活動的軸心。企業之間的競爭，實際上是爭奪消費者的競爭，企業關於整體產品的設計、產品定價分銷與促銷、產品的上市與退出等，都是以消費者的需要為出發點。因此，創業者的營銷應變力就顯得十分重要。

市場時刻都處於變化之中，唯一不變的東西就是「變」。傳統那種「酒香不怕巷子深」的說法已經過時，「皇帝的女兒不愁嫁」的時代也已經一去不復返。即使是名牌精品、百年老店、行業巨頭，也只能在「變」中求生存、求發展。這種「變」，不僅表現在產品的性能和樣式等方面，也表現在營銷方式、方法和行為上。誰能在急劇變化的市場中，適應消費者需求的變化，靈活地調整自己的營銷行為，誰就能在競爭中獲得主動，獲得成功。否則，它就會被市場無情地淘汰。

一家企業的生存與發展，很大程度上依賴、取決於企業經營者的營銷應變能力。

三、管理應變力的培養

管理應變力，是指企業經營者根據市場狀況，相應地調整生產經營管理制度，改善企業內部的組織機構，選拔和安置適用的人才，建立一個有效而富於活力的整體。

企業主管理應變力的培養來自三個方面——

1．經營上的年輕朝氣　企業比單一生命更具複雜性，它會隨時代的進展而不斷變化。讓企業的活動不斷充滿年輕朝氣，是企業充滿活力和長存的重要方面。也就是說，企業經營者在經營上應該保持年輕朝氣。所謂經營上的年輕朝氣，是指企業經營者的年輕朝氣。經營者跳躍的思維和活躍的創業激情，將感染給所有員工，使企業的經營活動顯得朝氣蓬勃。

2．適當的經營管理　企業管理者開拓進取的精神和創造力是企業「長壽」的關鍵。「適當的經營管理」是一種「變化」，是「創造性的破壞」。只有「以變應變」，企業才能發展。那些安於守成、重複經營、固執己見、盲目自信的經營者，必然會導致失敗。

3．敏銳的觀察力和推陳出新的能力 企業管理者對市場環境敏銳的觀察、判斷、推陳出新的能力是管理應變力的重要組成部分，它來自創業者個人的權威、冒險精神和洞察力。因此，在發展企業的過程中，絕不能「固守成法」，必須「以變應變」，發揮個人的創造性和靈活性，促進企業產品的不斷改進和市場創新，以適應市場對企業發展的要求。

四、競爭應變力的培養

競爭應變力不僅表現在根據市場需求的變化和技術的進步而不斷調整產品結構、品種、規格、質量等產品應變力上，也不僅表現在根據市場狀況，不斷改變市場戰略和營銷方式的營銷應變力上，更重要的表現在於根據外部環境，不斷調整內部管理制度和組織等的管理應變力上，它是產品應變力、營銷應變力、管理應變力的綜合體現。

競爭具有普遍性，是市場經濟發展的結果。競爭導致優勝劣汰。企業管理者應該看到這種競爭的普遍性，深刻理解優勝劣汰的機制；應該敢於競爭，在競爭中使企業求生存、求發展；應該善於競爭，以良性的競爭心態，將競爭機制引入企業的經營管理中。

第15章

投資理財的祕訣

美國投資家羅伯特把投資者分成七個層次。
我們不去分析它是否合理，
只希望在閱讀過程中能有所收穫，
假如我們都對投資成為富人感興趣的話。

1．一無所有的投資者

這些人沒有錢用來投資。他們不是花掉了他們掙來的每一分錢，就是花的比掙的還多。有很多「有錢」人處在這個等級，因為他們花的錢和掙的錢一樣多或者花的錢比掙的錢還多。不幸的是，大約50％的成年人屬於這個等級。

2．借錢者

這些人透過借錢解決財務問題，甚至用借來的錢進行投資。他們的財務計畫就是：用張三的錢付給李四。他們的財務生活就像鴕鳥一樣，將頭埋在沙子裡，希望並祈禱一切都順利。這些人對金錢沒有意識，也沒有好的花錢習慣。

他們所擁有的任何有價值的東西都與負債有關。他們無節制地使用信用卡，把債務轉成長期家庭貸款，以結算他們的信用卡，然後再次消費。如果房價上漲，他們就使用房屋貸款，或者購買一所更大更貴的房子。他們相信不動產的價格只會上漲。

那些「低首期支付，輕鬆每月支付」的廣告詞總是吸引他們的注意力。聽了這些話，他們就去購買容易貶值的玩意，如汽車，或者去度假。他們把這些容易貶值的東西看成資產，到銀行要求另一項貸款。其後，他們的狀況變糟了，他們卻大感奇怪。

購物是他們喜愛的運動。他們購買他們不需要的東西，並對自己說：「噢，買吧！你付得起！」或是「你應該得到！」、「如果現在不買它，我將永遠看不到這麼便宜的價格！」、「這是減價商品！」、「我要讓我的孩子得到我從未得到過的東西！」

他們認為，把債務延長是明智的。他們欺騙自己，相信自己將來會更加努力工作，在某一天付清他們的帳單。因此，他們花掉掙來的每一分錢，或者更多。他們是徹底的消費者。商店老闆和汽車交易商喜歡這類人。沒有錢了，他們就去借。

若被問到他們的問題出在哪兒，他們會說，他們掙的錢不夠多。其實，無論他們掙了多少錢，他們都只會欠更多的債。大多數這樣的人沒有意識到，他們今天掙到的錢，對昨天的他們來說，是一份幸運或一個夢想，他們只覺得，它們遠遠不夠。

他們看不出問題不在於他們的收入（或者沒有收入），而是在於他們的用錢習慣。有些人甚至覺得他們的狀況已無法挽救，因而放棄了努力。他們把頭埋得更深，繼續做相同的事。他們這種借錢、購物、消費的習慣失去了控制，就像狂食者在心情沮喪時沒完沒了地吃東西一樣。他們花錢，沮喪，然後花更多的錢。

他們經常因為錢與家人爭吵，強硬地捍衛自己偏執的購物欲望。他們陷入嚴重的財務災難，卻期望這樣的災難會奇蹟般地消失，或者假想他們總會有足夠的錢滿足他們的欲望。

3．儲蓄者

這類人經常定期把一「小」筆錢以低風險、低回報的方式保存，如貨幣市場的支票存款、儲蓄存款或大額存單。他們會把退休金存在銀行或共同基金的現金帳戶中。

他們儲蓄，通常是為了消費而不是投資（例如買新電視、汽車，去度假等等）。他們相信現金支付，害怕信用卡和負債；他們喜歡把錢放在銀行裡的那種「安全感」。甚至在儲蓄帶來負收益（除去通貨膨脹和稅收因素之後）的經濟環境中，他們也不願冒險。他們通常擁有終生人壽保險單，因為他們喜歡那種安全感。

這類人經常浪費他們最寶貴的資產——時間，卻試圖節省某一分錢。他們花幾個小時從報紙上剪下贈券，然後在超市中排著長隊，笨拙地尋找那些贈品。他們對安全感的強烈需求是出於恐懼，這促使他們把儲蓄用於低回報投資，如銀行的大額存單。

這些人常說：「節省一分錢，就等於掙到一分錢。」或者「我為孩子們節省！」事實上是存在他們內心深處的不安全感支配著他們和他們的生活。其結果是，他們通常「少給了」他們自己和他們為之省錢的人。他們幾乎與第一級的投資者完全相同。

儲蓄，在農業時代是個好觀念。但是，進入工業時代，它就不再是明智的選擇了。有些儲蓄還是好事，比如在銀行中存入可支付半年到一年的生活費。除此之外，有比銀行儲蓄好得多也安全得多的投資工具。

4．聰明的投資者

這類投資者明瞭投資的必要性。他們可能參加公司的退休計畫、超級年金計畫、養老金計畫等等。有時，他們也進行外部投資，如共同基金、股票、債券等。

通常，他們是受過良好教育的聰明人。但是，對於投資，他們不甚精通。他們很少讀公司年報或公司計畫書。他們可能有大學學位，甚或是醫生、會計師，但很少有人受過正規的投資培訓和教育。

這個等級的人又可分為三類。

〔第一類〕構成「我不能被打擾」組。他們弄不懂錢是怎麼回事。他們經常這樣說：

「我不太擅長數字。」

「我永遠不懂投資怎樣運作。」

「我太忙了。」

「這太複雜了。」

「風險太大了。」

「我丈夫（妻子）為全家管理投資。」

這些人只是把錢放著，很少關心他們的退休計畫，或者把錢交給推薦「多樣化」的金融專家。他們不考慮他們的財務前景，只是日復一日地努力工作，並對自己說：「至少我有一個退休金計畫。」

〔第二類〕是「憤世嫉俗者」。他們通常看起來充滿智慧，說話具有權威性，在他們的領域中很成功。但是，在聰明的外表下，他們其實是懦夫。你若徵求他們對股票或其它投資的意見，他們會告訴你，你到底是如何以及為什麼在各種投資中「受騙」的。結果你會懷著擔心或疑惑離開。他們最常說的話是：「哼，我以前被這樣騙過！他們再也別想騙我了！」

奇怪的是，這些憤世嫉俗者往往像綿羊一樣，溫馴地跟隨著市場。他們總是在工作時讀財務記錄或是相關的財經報紙、雜誌，然後在喝咖啡的時候告訴其他人。他們的言談中充斥著最新的投資行話和技術術語。他們談論大額交易，但不參與其中。他們尋找第一版上刊登的股票資訊，如果報導符合他們的心意，他們通常就會購買。問題是，他們經常買晚了。真正聰明的投資者總是在消息見報前就購買了。

一旦壞消息傳來，他們就會抱怨：「我早知道會這樣！」他們以為自己是遊戲中人。事實上，他們只是旁觀者。他們也想進入遊戲，但他們太怕受傷害。對他們而言，安全比遊戲的樂趣更重要。

據心理學家分析，犬儒主義是恐懼與無知的結合，它反過來會使人產生自大。這些人通常在市場波動的後期進入市場，並等待人們或社會證明他們的投資決策是正確的。因為他們期待得到社會證明，所以當市場崩潰時，他們也會隨著市場一樣，高買低賣。他們害怕發生這類事情，它們卻一次又一次發生。

專業人士把這類人視為「蠢漢」。他們尖叫個不停，然後跑進自己設下的圈套。他們非常「聰明」，又過於謹慎。他們聰明，於是害怕冒風險和犯錯，為此他們更加努力學習，變得更聰明。他們知道得越多，看到的風險也越多，學習就更努力。他們犬儒主義式的謹慎使他們等待太久，直至太晚。當他們的貪婪最終戰勝他們的恐懼時，他們來到即將從高峰跌入低谷的市場，和其他同類人共赴絕境。

憤世嫉俗者最差勁的地方是他們裝成智者，用他們內心的恐懼影響身邊的人。談及投資時，他們會告訴你，為什麼事情進展得很糟糕。但他們不能告訴你該怎麼去做。在學術界、政界、宗教界和新聞界，到處都是這類人。他們喜歡聽到關於金融危機之類的壞消息，然後四處「散布」。他們發現挑別人的毛病很容易。這是他們掩蓋自己的無知或懦弱的方法。

不用花錢、冒險就迅速致富是可能的，條件是你必須親自使之成為可能。你必須要思想開放，並警惕憤世嫉俗者和小人。

〔第三類〕叫「投機者」。他們仔細觀察股市或任何投資市場，就像賭徒緊盯著拉斯維加斯的賭桌一樣，一切全靠運氣。擲出骰子，然後祈禱。他們如同「大男孩」一樣行事，總是假想，直到他們贏了或全部輸光。當然，後者的可能性更大。他們尋找投資的「祕密」或「聖杯」，尋找新鮮刺激的投資方式。他們不靠長期的勤勉、學習和領悟，靠的是所謂的「內幕」、「暗示」或「捷徑」。

他們涉足商品、汽油與石油、牲畜和任何其它已知的投資市場。他們喜歡使用「老練的」投資技術，如邊際差價、賣方期權、買方期權。他們參加「遊戲」，卻不知道誰是玩家和由誰制定遊戲規則。

這些人總想來一個「全壘打」，卻經常「出局」。當人們問他們怎樣投資時，他們總是「含糊其辭」或「有些局促」。事實上他們賠了很多錢，通常是一大筆錢。他們有90％以上的時間是在賠錢。他們從不談及他們的損失，只記得曾經「賺」過一大筆錢。他們認為自己很聰明，不認為自己僅有的幾次「成功」只是走運罷了。他們認為，他們所需要的是等待「一筆大交易」，然後就會一路順風。社會上管這種人叫「不可救藥的賭徒」。說到底，他們只是在投資問題上過於懶惰。

5．長期投資者

這類投資者非常清楚投資的必要性，並積極地規劃自己的投資決策。他們會十分清楚地列出長期計畫，以達到他們的財務目標。在真正投資之前，他們會投資於自身的教育。他們利用週期性投資，並在任何可能的時候最大限度地利用稅收的好處。最重要的是，他們向有能力的金融設計師徵求意見。

這類型的投資者並未花大時間搞投資。儘管投入的時間不多，他們投資的種類卻很多，不動產、企業、商品，或任何其它刺激性的投資工具，他們都會涉入。而且，他們採用保守的長期策略。這種策略是「忠實的馬吉蘭」基金的彼德・里奇及沃倫・巴菲特等投資家所推崇的。

如果你還不是一位長期投資者，你應該坐下來，制定一個計畫，控制你的花錢習慣，最小化你的各種債務，想辦法增加你的錢，以最終實現你的目標。目標應該是這樣的：我計劃在多少歲時停止工作？我每月將需要多少錢？有了長期計畫，你會減少你的消費負債。你可以把一小筆錢（定期地）放在一個績效最好的共同基金上。只要你及早開始並時刻監督自己的行為，那麼，在積累退休財富方面，你將有個良好的開端。

如果你處在這個等級，那麼，你需要使投資簡單化，不要頻繁地改變花樣。忘掉那些複雜的投資，只做績效好的股票和共同基金投資。趕快學會如何購買封閉式共同基金。不要試圖超越市場，要聰明地使用保險工具，把它視為保護措施而不是積累財富的措施。先鋒指數500基金在過去比三分之二的共同基金績效更好，可以把它作為一種投資基準。十年後，這種基金給你的回報將超過90％的「專業」共同基金經理獲得的回報。但是，要記住：「沒有百分之百保險的投資。」指數基金也有其固有的缺點。

別再等待「大額交易」，試著透過小額交易進入「遊戲」。先不要擔心是對是錯，開始做就行了。一旦你投了一些錢進去，你就會學到很多東西。它可以迅速增加你的智力。你總有機會加入更大的遊戲，但你永遠無法挽回你在等待做合適的事或做大額交易時失去的時間和受教育的機會。記住，小額交易通常導致大額交易。但是，你首先必須開始。今天就開始，不要再等待。取消你的信用卡，買一份績效好、不用貸款的共同基金。和你的家人坐下來，制定一個計畫，找一位金融設計師或去圖書館讀些有關金融設計的書，開始親自管理你的錢（即使每月只有一百元）。你等待的時間越長，你的最寶貴的財產——無形並且無價的時間資產就浪費得越多。

想過一種成功、富裕的生活，你必須成為第四級投資者。為此，徵求金融設計師的建議非常重要。他們能夠幫助你制定投資戰略，使你在正確的軌道上開始長期投資。

這個等級的投資者富有耐心，善於利用時間。

你早些開始，進行有規律的投資，你就能創造出驚人的財富。

6．老練的投資者

這類投資者具有良好的財務習慣、堅實的財力基礎和卓越的投資智慧。他們不是投資遊戲中的新人，實行的是集中化投資策略，而不是通常所見的多樣化投資戰略。

這些投資者經常進行「成批」而不是「零售」投資，他們把所有交易整合在一起。他們還會足夠「老練」地去參與第六級的朋友組織的交易，這些交易需要投資資金。

是什麼決定一個人是否「老練」呢？是他所擁有的雄厚的財務基礎，這種基礎來自他們的職業、企業或退休收入，以及堅實而保守的投資。

這類人很有效地控制著個人的債務／權益比率，即他們的收入比支出多得多。他們在投資領域受過很好的培訓，能積極地尋找新資訊。他們謹慎，但不憤世嫉俗，始終保持開放的心態。他們將全部資產的不到20％用於投機性投資。一開始，他們通常投入很少的錢，以學會各種投資，如股票、企業取得權、不動產組合、購買抵押品等等。

損失了這20％，他們不會破產或沒錢吃飯。他們會把這次失敗看成一次教訓，從中學習。他們十分清楚，失敗是成功之過程的一部分。失敗激勵著他們不斷前進和學習，而不致使他們陷入痛苦的深淵或向他們的律師求助。

這類投資者知道，運行不良的經濟時期或市場為他們提供了最好的成功之機。他們在別人退出時進入市場，而且知道何時才真的應該退出市場。對於這個等級而言，退出戰略比進入戰略更為重要。他們知道自己的投資「準則」和「規則」。他們選擇的工具可能是不動產、貼現合同、企業或新發行的股票。雖然他們所冒的風險大於普通人，但他們憎恨投機。他們有計畫並有具體的目標，且每天進行研究，讀報紙、看雜誌、訂閱投資時事通訊、參加投資研討班、積極參與投資管理。他們了解錢，知道如何讓錢為他們工作。他們的主要目標是增加他們的資產，而不是只為了能多掙幾塊錢去花。他們把獲得的利潤用於再投資，形成更大的資產。他們知道強大的資產可產生高現金收入或高回報，而且稅收最少，有利於形成巨大的長期財富。

他們幾乎沒有個人財產，因為他們充分認識和利用著稅收制度的好處，透過企業，控制著一切占有他們資產的法律實體。他們有私人董事會為他們管理資產，接受董事的建議並不斷學習。這類人通常被稱為「金錢管理員」。

7．「資本家」

不是很多人都能達到這個投資精英所在的等級。這類人通常既是優秀的企業家，又是優秀的投資者，因為他或她能夠同時創造企業和投資機會。

他們讓別人富裕，創造工作機會。前提是：他們自己有利可圖。他們總是在別人發現機會的幾年前，就已參與使這種機會產生出來的項目、產品、公司或國家的有關活動。當你在報紙上讀到一個國家陷入麻煩、爆發了戰爭或災難時，你可以肯定，這些人很快會趕往那裡，或者已經在那裡。當真正的資本家打算去這樣的地方時，大多數人會說：「離遠點兒！那個國家、那個企業正處在混亂中，風險太大了！」

真正的「資本家」能夠獲得100％甚至更多的回報，因為他們知道如何管理風險，沒有錢時如何掙到錢。在他們眼中，錢不是一種物品，而是在人的腦中創造出來的一種概念。雖然他們也有恐懼，但他們把這種恐懼轉化為刺激，轉化為新知識和新財富。他們投入用錢掙錢的遊戲，喜歡它勝過任何其它遊戲。這種遊戲賦予他們生命。無論他們贏錢還是賠錢，你都能聽到他們說：「我喜歡這種遊戲。」正是這一點，使他們成為真正的「資本家」。

與老練的投資者一樣，這個等級的投資者也是優秀的「金錢管理員」。考察這個等級的大多數人，你會發現，他們對朋友、家人、教堂和教育總是十分慷慨。

要創造一個更好的世界，我們需要更多「資本家」。

想通往巨大的財富之路，你就要增強自己的優點，克服你的性格缺陷。要做到這一點，首先得認識而不是掩飾你的缺點。

8．投資思維誤區

一、相信金錢操縱市場

在同行業中獨占鰲頭，你一直讓人刮目相看。看著那豐裕得令人羨慕的企業「小金庫」，你不禁自以為是起來。你認為：我有錢，只要我捨得投資，即使再不被看好的項目，我也能讓它產生利潤——「有錢能使鬼推磨」嘛。為證明自己的觀點正確，你力排眾議，收購了一家不被任何人看好，已瀕臨破產的企業，並對它進行了空前的資金投入。從「根」開始，對它的設備、廠房、生產線自動化程度進行全面升級，同時加強廣告宣傳力度。但是，消費者對你所生產的過時的「新」產品反應十分冷淡；儘管你又投鉅資加強產品促銷，市場佔有率仍遲遲上不去。你投資失敗的訊號出現了。

過度迷信金錢的力量，投資沒有商業意義的項目，是企業上司在投資中所犯的一個非常愚蠢又重大的錯誤。金錢並非萬能，它並不能操縱市場的運轉方向，更不能讓不好的商業機遇變成好的。企業上司如果執意用金錢的力量試圖改變一個項目的價值，違背市場的運行規律，進行投資，必遭失敗的打擊。

二、過度依賴股評的投資

傾心於股票的你，在將企業努力經營了一段時間後，終於有了充足的資金讓自己投資。為了不至於盲目投資，並讓自己有更多投資的理由，在投資前，你專門請來幾位分析師，讓他們對你所要購進的股票進行股票評估。分析的結果是：形勢大好。你心安理得地積極投資，購進某支股票。心想：這回總可以高枕無憂地從中獲利了吧！然而，在操作過程中，你很快發現，冷酷的股市輕而易舉就無情地摧毀了你的發財夢。

實際上，股評存在著巨大的偏差，企業上司由此獲得的保證只到某個程度，過了這個限度，就必須為保護自己操心了。如果你過度依賴股評，進行投資，則投資走向出現誤差在所難免。如果你還幻想自己可以依賴股評，讓投資獲利，而且相信一定會獲利，那就只有乞求運氣的幫助了。

首先，股評並非投資的標竿。企業上司應該對股評存疑，千萬不能過分依賴分析師的分析。你必須對分析師的言論大大打個折扣，再一一追蹤他們過去的表現，挑出少數信譽較高的，對他們的建議客觀採納，排除其他分析師的胡言亂語，最大限度地減少因股評的偏差所帶來的投資失誤。

三、過於相信專家的能力，缺乏有效的監管機制

你決定到某城市開發新市場。於是，你從公司裡精心挑選出幾位「行家」，派往該城。在那裡，行家們用老城市已成功的辦法進行投資操作。結果市場反應極為冷淡。有人向自認為可高枕無憂的你彙報此事。你悠然答道：「萬事開頭難。他們都是專家，不用擔心，應該相信他們！」因此，儘管長時間投資不見效益，你對專家的能力仍深信不疑。而且，為了表示信任，你使他們處在財務監管的真空中，對他們的要求有求必應，頻頻向那個城市輸送資金。就在你滿懷希望，等候專家的好消息時，這幾位專家卻因再也無法支撐，灰溜溜地打道回「府」了。你的所有投資，沒有帶回一分一厘回報。

身為企業上司，你要知道，專家絕非萬能。企業上司對所謂專家的能力過於信任，對其資金運用甚至沒有一套監管措施，是投資失敗的直接原因。從某種意義上說，企業上司對專家在投資中的作用，定位不夠準確，在專家運行的投資遲遲不生效時，仍因他們是專家，有驚無恐，睜隻眼閉隻眼，正是投資失敗的關鍵。

企業上司想在一個陌生區域開發新產品、新領域，投資前，必須有一套適合當地情況的投資經營理念，萬萬不能僅僅依靠幾個所謂「行家」，草率行之。絕不可過度迷信專家的能力，而須正確地看待他們，給他們適當的位置，適當的權力，使他們在投資中有效地發揮應有的作用，增大投資的成功率。

四、無視於投資公司管理階層的重大變動

你在企業經營狀況暫時不佳的情況下，決定選擇投資股市。可當你正要買進自己十挑萬選的某企業的股票時，市場上突然傳來這家企業的最高管理者因病辭職，由一位年紀尚輕的管理者接任的消息。這時，你的下屬紛紛勸阻你停一停再投資，看看那位新經營者的走向，那家企業的運行狀況是否有重大的改變，及運營利潤如何之後再說。可你執意不聽，仍按原計畫買下那家企業的股票。在你看來，企業管理階層是否變動，與企業的股票毫無關係。

任何企業都是在人的智慧操縱下發展壯大起來。企業上司明知所投資股票的公司管理階層發生了重大變動，不審時度勢，靜觀其變，無視於這一變動對企業本身和股價的影響，執意盲目投資，實在是糟糕透頂，危險性極高的做法。事實證明，如此情況下的股價反應「十分病態」，這時投資，能賺錢是你的運氣，不能賺錢則是意料中的事。

當你要投資之公司的管理階層發生重大變動時，你最好能讓自己的投資暫時止步或轉移

方向，靜觀其變，清醒地窺視其新上司的一切舉措，正確地掌握他的決策方向。萬不可盲目固執地投資。因為後來者一旦沒有善策，很可能使公司的利潤下滑，它的股價無疑也會隨之下跌。如果你已買進，必須定期核查手上的股票，時刻關注有關那家公司的新業績是否符合自己的預期，千萬不可只以企業的昨天進行衡量。

五、對投資項目認識不足

有一種生產高級耐用消費品的項目，市場前景非常看好。你決定對這種消費品進行投資。雖然這需要一筆非常大的資金，你仍然堅持下來。最後，新產品一上市，就出現了空前的銷售高峰，短短一天，定貨量就突破了近百萬元。可惜好景不長，不久，這種產品的市場銷售量就急劇下滑，無論你再怎麼宣傳，促銷，銷售業績依舊平平，你在這項目中的獲益與所投鉅資的差距依然很大。

一般來說，如果所投資產品屬於高級耐用型，它的更新替換週期無疑會相對拉長，很容易達到市場飽和的界限。一旦達到基本飽和，市場需要通常就不再上升，而會趨於下降。企業上司在制定投資方案，預測投資與盈利的比例時，對這一點若認識不足，估計有誤，對投資「盈利」這點就連想都別想，而且可能敗得很慘。

事實證明，產品的社會擁有量及耐用程度，對收支平衡有重大的影響力。在確定投資之前，企業上司必須對產品已達到的社會擁有量，以及它何時達到消費飽和度，掌握準確的基本資料，以分析自身在這一動態環境中所處的地位，弄清自己在市場上究竟可能佔到多大的供給份額，以此為依據，確定投資規模。

六、輕易地放棄投資項目

經過嚴格調查，慎重考慮，你終於選準了投資項目，躊躇滿志地著手興建。前期，一切程序都按你的既定目標進展得十分順利。你成竹在胸，興奮地等待摘取勝利的果實。然而，市場疲軟擊碎了你的夢想。你心急如焚，但又不知所措，就像握著一個定時炸彈，一心急於脫手。終於，你以最低價格將其轉手，不禁暗自慶幸了好一陣兒。不久，極富戲劇性的一幕出現了，根據市場調研及分析做出一系列的調整後，這項目竟奇蹟般地盈利了。對此，你後悔不迭。

面對商業浪潮中的驚濤駭浪，如果你驚慌失措，變得毫無理智，便不具備接受挑戰和處驚不變的心理素質。這一缺陷會使你在操作一個很有前景的項目時，只要遇到一點挫折，就可能在不做任何調整的情況下，急於將它轉手。用這種畏懼困難、迴避風險的做法解決問題，等待你的只能是失敗。

沒有哪個人的投資之路總是一帆風順的。當你在考察項目，做出科學論證之時，就應該考慮到各種不利的因素和極有可能出現的險境，並在發現不利的情況時，認真分析，及時調整計畫，制定出合理的應付措施，盡最大的努力挽回敗局。只有具備了極強的抗風險能力，你的投資才不致付諸東流。

七、過高估計自己承擔風險的能力

你在屢屢創造市場奇蹟後，終於成為所從事行業的龍頭老大。你並不滿足，很快又準備進行下一個項目的開發。但這個開發項目剛一提出，即遭到很多人的反對。他們都認為它的規模過於龐大，風險過高。然而，你不顧眾人勸阻，抽資金開始了這項目的運作。你很自信，認為即使投資出現失誤，損失也大概在一百萬元左右，自己完全可以承擔得了這一風險。可是，不久你便發現，你承擔風險的能力並沒有自己想像的那麼高。此時你已被這一項目拖入資金危機的陷阱。為了彌補即將告罄的庫存資金，你不得不四處借債，陷入了債務的惡性循環。

過高地估計自己的力量，未能真正認識自身的實力，是導致投資失誤的關鍵所在。在這裡，企業上司看到的強大是哈哈鏡裡的強大，並非真正的強大。這就使得他在投資之後，很快在許許多多個接踵而至的「萬萬沒想到」面前，因虛假的「強大」而疲於應付，最終掉入自己精心編織的那張錯綜複雜的羅網，在債務的窘境中苦苦掙扎。對這一投資失敗，起決定性作用的企業上司應負直接責任。

因此，企業上司對自身的實力應詳細分析，正確估計，確保實力計算的準確性，不要概算了之。另外，即使企業的經濟實力很雄厚，也應盡可能使投資的風險保持在自己可控制的範圍內，千萬不要讓它過於接近甚至超出你的可操作的實力範圍，避免你與它之間發生錯位，使投資的風險反「客」為主。

八、情緒化的投資策略

近年來，你連續投資的幾個新項目均不幸因各種各樣的緣故流產。一連串投資悲劇難免使你遭到周圍人奚落的言論和懷疑的目光，讓你的自尊心大受傷害，也更激起了你的豪情鬥志。這時，下屬又呈進一個市場調查後的投資潛機。輸急了的你並不細看，也不做客觀評估，立刻決定：「投！投！我就不信這次還不成功！」可是，你實在太不幸了，市場很快又讓你的這次投資流產，分文無回。

不懼失敗，不因失敗而退縮固然是好事，但企業上司因無法忍受屢屢投資失敗的不光彩記錄，走到過度釋放自我，不約束自身的極端，帶著情緒制定投資決策，運行起來必輸無疑。因為受情緒引導的投資決策只能被錯誤所俘虜。

情緒化投資是極大的策略缺陷。為了不受這一缺陷的制約，企業上司應該學習心理學，特別是有關投資方面的心理學。它會告訴你，怎樣才能有效地避免情緒化的投資決策。總之，在任何情況下投資，你都必須保持清醒的頭腦，冷靜地思索和看待市場，及時調查和分析實際工作中種種不可預計的問題。只有這樣，才能制定出切實可行的投資策略，不讓自己的情緒誤導了投資走向。

九、過度顧慮投資回報

你所經營的企業一直擁有相對穩定的一塊市場。這時，有人向你推薦一項新科技，這一新技術將使你的產品在性能方面遠遠超出對手。然而，這項科研並非十全十美，存在一定的缺陷，因而你對該產品的市場前景頗有些擔憂：這筆投資是不是太大了？要是賺不回來，怎麼辦？如果消費者不接受，市場不看好，豈不是白辛苦一場？你長久地思來掂去，遲遲不能下決心。直至有一天，你突然發現，原來屬於自己的顧客正紛紛轉向另一廠家生產的含有這項科技的同類產品。這時，為了保住剩下的消費群體，你不得不回過頭投資生產這一產品。但毫無疑問，你此時已失去了本來大好的投資機遇。

機遇轉瞬即逝。企業上司面對大好的機遇，因太注重追求眼前一時的利益，過多地顧慮投資回報，被投資風險所嚇倒，未能好好把握，無疑是十分愚蠢而可惜的。因為投資本身就是一種冒險行為。待你看到「肥水」落到他人的田地，才幡然醒悟，忙於投資，這也只能是力求自保的無奈之舉，已失去了投資的根本意義。

機遇是企業發展壯大，走向成功的跳板。誠然，現實中機會有真假，機會的本質有優劣，需要企業上司進行一番精心、反覆的比較和確認，慧眼識清其真面目。只是，一旦認可了這一機遇對企業未來發展的作用，企業上司就不能再優柔寡斷，顧慮太多，「該出手時就出手」。因為，「機不可失」，「時不再來」。

十、完全相信公司管理層最直接的訊息

你決定買進某公司的上市股票。經市場調查反饋回來的毀譽參半的消息，卻讓你深感不安，猶豫不決。待你打算轉移投資目標，突又從一隱祕管道，得到了這家公司的董事長在內部會議上駁斥其公司利潤下滑的傳言是「無稽之談」，並毅然宣稱：「我們深信自己有資源和能力，可使公司恢復獲利。」你重燃投資的信心，立即買進了這家公司的股票。但市場很快就證實了那些傳言並非無稽之談。

你所得到的雖然是這家公司管理階層最直接的資訊，但是，最直接不見得最可靠。有時候，事情的發展可能令公司管理者本人都會大吃一驚。有時候，那些聽起來合情合理的解釋，其實只是在掩人耳目。更有甚者，他們可能根本不敢面對現實，他們所說看到的起死回生的跡象，也許只是公司倒閉前的「迴光返照」罷了。如果企業上司要根據這些不可靠的資

訊決定是否投資，一旦犯錯，就該怪你自己了。

企業上司在投資前，對投資對象的管理者所述及的前景資訊，一定要抱持懷疑的態度，不要輕易相信。請記住，那些管理者很可能在自欺欺人。當然，這些訊息也有它一定的價值。假如你擁有過人的智慧，能從那些管理者的談話中區分出什麼是正確的評估，什麼只是自欺欺人的說辭，那你就能從中找出何者即將東山再起。

十一、合作伙伴選擇不當

你經營的是一家剛剛起步的企業，為加速其發展速度，你想開發一個新項目。但因自身實力不足，便決定尋找一個合作伙伴。終於，你找到一家願意出資一百萬元的企業。你大喜過望，合資心切，對這家企業的基本情況只膚淺地了解一下，便草率地簽下合同。簽約後半年多，你與合作伙伴在合同運行上很不合拍。你為加快項目的開發速度，總將資金按約到位；他卻因對它不夠重視，一百萬元的投資一拖再拖。結果，這項目的開發速度銳減，失去了搶佔第一市場的大好機會。

企業上司若因急於發展企業，在以為覓求到最佳合作伙伴時合作心切，對合作方的經營信譽、資金實力等方面進行的可行性調查和綜合比較分析過於草率，簡化調查過程，使考察流於形式，必會導致選擇不當，為自己的投資埋下「危險」的伏筆。

因此，為保投資不失誤，必須對合作伙伴進行多方面調查，比如他的品行、經營能力、資金狀況、經營狀況等等，都要逐一進行細緻的可行性調查和綜合分析。在合同談判時，還要著重強調合作伙伴資金的到位期限。這樣才能使自身資金投入白白流失的風險降到最低，且加大合作成功率，取得最後的勝利。

十二、誤入「最後一個牛市」的歧途

你一直徘徊在股市之外。年底時，股市突然傳出許多什麼年度之內「最後一個牛市」、「最後一個投資機會」之類的言論，讓你很受鼓動，認為這回肯定是一個大好的投資機遇。「機不可失，時不再來。」你立馬從企業中抽調出一筆數目不小的資金，一手拋入股市。結果，牛市不「牛」，你誤踩股市地雷，走避不及，「炸」得遍體鱗傷，所謂的「最後投資機遇」的資金也隨之灰飛煙滅。

事實上，「機會」一詞在投資市場永遠存在，永遠不會是「最後一次」。

當投資市場漲起一陣熱潮，形勢混亂時，企業上司最好的應對策略就是靜觀，不要盲目地飛蛾撲火。如果真是機會來臨，你錯失了，對你實際無損；如果不是機會，而是危機，你的冷靜、謹慎，就會使你避免了一場噩夢。

十三、報急於獲取回報

你看到別人因生產某產品，把錢都賺翻了，不由得心急火燎，趕快籌集了大筆資金，投資這一項目。就在即將投產時，手下一位技術員勸阻你：「經理，如果您能將開工時間推遲四個月，我們就能調裝上一種世界先進的高科技設備，生產的產品也會比現在走俏得多……」聞後，你近乎心痛地說：「四個月？四個月的等待意味著什麼，你知道嗎？那可是上百萬元的利潤呀！別說了，馬上開工！」

企業上司受利益的驅動，只看眼前，忽視長遠，雖能使企業投資一時得利，卻很可能丟失長遠發展的後勁。

任何一項投資利益的獲得都需要一個過程。企業上司必須克服急功近利的心理，避免殺雞取卵、竭澤而漁。首先，要制定詳細的投資發展計畫，在經濟和技術上保持投資的先進性和長久性。計算企業的效益時不要金錢至上，應當從經濟效益和社會效益相結合的角度進行效益分析，不斷提高企業的整體和長遠效益。

十四、只求名不求實的「名牌」投資

因為深深懂得名牌在企業發展中的重要作用，你決定提高品牌的知名度，以加強產品在市場上的競爭力。但你知道，創立一個名牌絕非易事，它甚至需要幾年、幾十年的時間。由於急火攻心，你為如何縮短名牌創立的時距費盡心機。百思終有其解，你找到了一條創造名牌的捷徑：你不顧自身產品的實際情況，不惜花費鉅資，購買「國際金獎」、「全國名優」等響噹噹的榮譽稱號，大搞特搞各種類型的評優樹先活動，藉此大造聲勢。

企業上司看到了商標、特別是品牌在企業生存發展中的重要作用，提高自身產品的內在質量，不惜付出大量財力、物力、精力，企圖走捷徑，單以利益為導向，用金錢買來「名牌」，結果不僅貶低了名牌的價值，欺騙了消費者，也加重了企業的負擔。

切記：創立名牌，沒有捷徑可走。你若想創立自己的品牌，提高產品的知名度，除了必須捨得大筆投資，還得狠練內功，從抓自身產品的內在質量做起。在質量的基礎上，再廣為宣傳，以質求名，以真實的產品求得真實的名牌，這才是成功者之所為，是創名牌、保名牌的根本之所在。

十五、投資過於單一

這確確實實是一個非常好的發展項目。面對如此機遇，很相信「風險與利益並存」的你儘管對這項目的成功與否並無十足的把握，卻仍力排眾議，勇敢地將一筆相當於公司全部資本90％的資金統統投入，並全力以赴地經營。你信心十足，相信一定能從這個投資項目中獲得鉅額利潤。

你的投資過於單一。雖然單一投資常常會給企業帶來高收益，但是，它也會導致風險過於集中，使投資風險最大化。只要發生一次風險損失，就可能使你多年積累起來的財富毀於一旦。形象一點講，投資過於單一，猶如把所有雞蛋放在一個籃子裡，稍不留神，就會籃翻蛋損。這時，你除了投降或者求助之外，沒有別的選擇。

「不要把所有雞蛋放在一個籃子中。」身為企業上司，你在進行投資決策時，如果對所投項目無十足的把握，就不要把所有投資押上，而應盡可能使企業保持多種投資經營，形成風險高低各不同的經營結構，以減少單一投資所造成的企業風險。

9．投資方法誤區

一、把品牌當作投資資本

你有一家非常有名氣的企業，而且有高素質的員工、先進的設備，產品質量也已取得消費者的信任。更可貴的是，你有屬於自己的品牌。這時，有一家小廠想與你聯營，他們負責生產，你唯一的投資就是你那響噹噹的品牌。不用多說，這是一筆可以大賺特賺的聯營。你欣然應允。然而，聯營後不久，你發現這家小廠生產的產品，質量無法得到保證，流入市場後，很快使你的牌子因產品質量低劣而臭名遠揚，成為劣質產品的代名詞。這就使你在市場競爭中，再難確保自己的地位和市場。

創造一個品牌，需要耗費很大的心血。相對地，一個好的品牌，可帶給企業無窮的發展後勁。企業上司若因貪圖一時之利，將自己的品牌作為投資，與質量無法保證的廠家聯營，必使產品質量一落千丈，從而斷送品牌的大好前程。從個人的角度上講，這正是企業上司目光短淺，缺乏長遠投資意識的明證。

品牌是一家企業所有經濟利益的出發點和源頭。企業上司在發展的過程中，如果想讓自己的品牌永保青春，就要明確認識到品牌的價值，及其對企業長遠發展的意義，增強對已創品牌的維護意識，千萬不要將無價之寶的品牌當作有價的投資。

二、堅持所謂「逆向投資」

你打算用企業的一筆盈餘資金買進某公司的上市股票，到股市中嘗嘗「鮮」。但下屬們及時請來幾位專家，在對那家公司的具體情況進行了一番仔細分析後，均紛紛預測那支股票的熊市不久就要來臨。而且，此時股市中亦有許多公司預測到這一點，正紛紛忙於拋出那家公司的股票。可是，聽了這些分析，反而更堅定了你的投資信念。你一錘定音地宣稱：「就買進這家公司的股票。」

股市中有一則諺語：「不要和市場行情作對。」事實證明，沒有人能找到萬無一失的方法，確保其他每個人左轉彎時，自己右轉沒問題。所以，面對市場都不看好的股票，當絕大部分人反對時，你若執意買進，後果必是：你讓自己扮演了與市場作對的唐吉訶德。

在投資這個領域，保持謙卑之心是比較可靠的態度。如果你自知自己的判斷與市場走勢相反，你的投資策略與一般投資者的預期背道而馳，最好能趕快修改你的投資策略。雖然逆向投資策略中的某些觀點還是管用的，但你是否認為自己有足夠的聰明和經濟實力與市場唱反調呢？畢竟，逆向投資策略雖可能使你擊敗市場行情，卻更可能把你帶向徹底的失敗。

三、跌入自炒股票的陷阱

看著企業的經營狀況每下愈況，你為了維持企業的正常運行絞盡腦汁，決定以壟斷方式買進自家公司一直不被看好的股票，以此造成銷售火爆的假象。待公司股票的價格在市場上回升，再把所買進的股票賣出，大發營業外之財，彌補企業經濟的空缺。可是，在你投盡手中所有現金，購回自家股票之後，市場颶風驟然襲來，原來就舉步維艱的企業很快露出風燭殘年的原形，你精心製造的泡沫繁榮迅即被股民識破，公司的股票不僅沒有上漲，反而跌了又跌。「偷雞不成蝕把米」你手握大批自家的低價股票拋不出去，提前跨進了破產的大門。

企業上司在企業經營陷入危難之際，不從實際出發，設法解決困難，帶領企業走出困境，反而企圖涉足險境，用僅餘的現金參與股票市場，試圖為自身創造一種泡沫繁榮的假象，炒高公司的股價，以賺取大筆利潤。但是，泡沫畢竟是泡沫，它禁不起任何考驗。最終，這一失敗的投資把自己結結實實地賠了進去，使企業提前破產。

任何時候，企業上司都必須懂得保護自己的餘力。特別是在沒有雄厚強大的經濟實力做後盾的情況下，最好不要拿自己的「最後一口氣」到股票市場一搏。否則，你的「拚命三郎」似的股市一遊，將會使自己跌入「玩火自焚」的痛苦境地。

四、被市場調查欺騙的投資

「市場調查結果是企業制定投資決策的重要依據。」對這句話，你確信無疑，甚至把它當作投資決策的真理對待。一天，你的一個中層員工告訴你，他發現大部分消費者在購買一種用特殊瓶子裝的同類產品。但你對此根本不予理睬。因為這種特殊瓶子所裝的同類產品根本不在你的市場調查範圍內，因此沒有任何價值可言。不料，投資後的產品剛投放市場，你就被打得頭暈眼花，因為原來的市場已被這種特殊瓶裝的同類產品所佔領。無奈之下，你不得不費盡九牛二虎之力，重新改裝，以求能奪回市場。

市場調查只能表現消費者今天的喜愛和厭惡，不會顯示他們明天的偏好。在這種情況下，常規的市場調查常因一天之差而變得毫無用處或造成錯誤引導。何況，市場調查常帶有一定的個人傾向，以此決定重大投資決策的做法是不準確、不可靠的。市場調查對投資決策的意義就好比秤桿，企業上司若過於相信它，使投資決策失去正確的準星，搞不好會使企業掉入深淵。

對企業上司來說，市場調查有一定的價值，但它只能是暫時的；它不過是手中的一種參考，只能起輔助作用，絕不能代替決策。企業上司做投資決策時，不要把注意力過多地放在市調上，不要過分依賴它的結果。事實證明，市調對投資決策的制定雖有一定的作用，但從未有一項好的投資決策是以此確立的。精明的企業上司絕不會根據市場調查，決定投資開發的產品。

五、沒有保護的投資

在制定一項投資決策時，你認為，在準確預測市場的漲跌規律和擁有詳實材料的堅實基礎上制定的投資決策是完美無缺的，盈利肯定沒問題，根本不需要做什麼「避險動作」。為此，你制定了一項近乎完美的投資決策。然而，這項決策上路不久，你自身的經濟收益因市場風向突變而急劇下滑。雪上加霜的是，銀行拒絕給你貸款。始料未及的「經濟危機」，讓準備不足的你手足無措，雖百般努力，卻始終無法籌集到所需的資金。為減少投資虧損，你只好將大好的投資項目轉給他人。

企業上司的投資決策能不能成功，很關鍵的一點就在於是否能夠加強投資決策的風險抵禦能力。不增強投資的保護措施，必定加大企業的投資風險。事實證明，企業上司在制定投資決策時，如果缺乏完善的防範風險機制，沒有做好相應的避險動作，那麼，他的投資舉動就等於玩弄一把子彈已經上膛的手槍一樣危險！

任何一項成功的投資決策之實現，背後都有一套防範風險的機制。在制定投資決策時，企業上司要對投資的風險進行充分的估計和研究，制定一整套科學有效的防範機制，切實針對投資過程中會涉及到的政治、經濟、法律、文化等各種投資風險有效規避，才能在風險中投資，在風險中獲益。

六、投資時缺乏整體規劃

你費盡力氣，跑遍所有資金的源頭，籌到二千萬元的啟動資金。這筆錢，數目稍嫌少了些，但你自信你開發的產品能很快創造出效益。誰知，工廠剛剛建成，你手中的資金就幾乎悉數投進，流動資金已所剩無幾。捉襟見肘的你被迫引進工藝比較落後的生產線。投產後，由於次品多，且產品沒有特色，又無錢用於產品宣傳，產品嚴重滯銷。與某企業簽訂合作協定，也因無力完成對方要求的技術改造，合作事宜中途夭折。你債務壓身，終因資金已盡，缺乏流動資金，無法發展，宣告破產。

一家企業，從建立到發展到成功，是一個密不可分的過程。企業上司若將其分開，單純視之，「吃了上頓，不管下頓」，必導致有錢建廠，無錢發展，最終使投資失敗。

不要把「沒有特色就是最大的特色」當成你投資經營的至理名言。你若是一個遲來者，想讓自己的投資在陌生的港口成功靠岸，千萬莫照搬他人的經驗。你應該以別人的經驗為借鑑，取其精華，加上自身的努力進行創新、改造，使自家產品展現特色。這是勝出先行者一籌，取得實際效益的關鍵之鍵，也是讓你的產品引起消費者注意，使之獲勝的唯一法寶。

七、掉進淨現值的陷阱

你是一位訓練有素的企業上司。在決定上市一項新項目之前，你首先經過一番詳細的市場調查，然後運用「淨現值法」所言：「如果項目淨現值大於零，那麼決策者就應該進行此項目的長期投資。」由於對「淨現值法」深信不疑，你大手筆地將鉅款投入。沒想到，一年後，市場運行發生了一些改變。你不能調轉投資的船頭，所有支出均沈沒於市場的大海，有去無回。對此，你深感不解，撕心裂肺地大喊：「我已精心計算，怎麼會這樣？」

身為企業上司，只看眼前的效益計算，卻忽視了淨現值法本身的不確定性曲線，是投資決策失敗的致命所在。所以說，如果企業上司在制定投資決策時，教條地運用淨現值法，必然會跌進淨現值法的「陷阱」，做出不符合現實的投資決策，最終導致——「搬石頭砸自己的腳」。

淨現值法是進行長期投資決策分析的基本方法。面對新的市場環境，企業上司在進行長期投資的決策分析時，不能以淨現值是否為正這一標準為基準，而是要看淨現值是否超過設定的某一標準。必須建立更複雜、更有效的決策分析模型，更多地考慮到淨現值的不確定性，針對淨現值所存在的缺陷，採取相應的措施。

八、投資時先選股票，再選產業

進入股市後，你一眼看中了A股票正在暴漲的大好行情。為抓住良機，你毫不猶豫地將資金完全投入，購進大批A股。投入後，你才對發行A股票的產業進行詳細的調查分析，對其未來的經濟形式做了一番精心的比較。結果發現，你所投資的產業，前景潛伏著危機，而且即將爆發。你連連驚呼「上當」之餘，為從「火山口」脫身，趕緊四處找門路，大賣特賣自己購得的數百萬龍頭股。此舉未近尾聲，「火山」就爆發了。為此，你的投資遭受了不大不小的損失。

企業上司在投資之前，僅憑自己對股市的主觀臆斷，在尚未判斷出未來的經濟形勢對哪些產業比較有利時，就大手筆地投入資金，終將使投資因缺乏科學這一指示燈，走入「不幸」的股市漩渦。

想確保自己的股票投資不受損失，或最大限度地減少損失程度，在選擇所投資的股票之前，必須先選產業，再確定是否投資這家產業的龍頭股。這是行走股市時，必須謹記的一條投資原則。

九、照搬他人的經驗進行投資

看著某產品在市場上掀起的一次又一次銷售高潮，你再也坐不住了，決心也投入撈它一把。但是，你根本未涉足過這一行業，所經營的企業產品與這一產品完全風馬牛不相及，所以，你對如何起動生產這種熱銷產品，如何開展經營等諸多細節，腦子裡一片空白。最後，你想出了一個不是辦法的辦法：「完全照搬這項產品生產廠家的生產經營經驗，進行投資運作。」結果，你投盡了資金，卻屢不見成效。

企業上司想在激烈的市場競爭中謀一分利益本已不易，若照搬他人的經驗進行投資，要「獲利滾滾」更是難上加難。在試圖進入一種熱銷產品領域之前，先行者無疑早已建立了穩固的市場。而且，為增加自身的競爭力，也必然在穩固的基礎上抬高了「走俏」的門檻。這時，如果遲來的你還企圖以照搬他發展的經驗進行投資，以同樣的產品，採用同樣的方式，試圖去敲開市場的大門，無疑是白費心機。市場不會回報你這種思維懶惰得連經營生產方案都照搬他人的投資者。

企業需要現金，以求生存。企業上司若擴大生產規模，決定開發新項目，特別是耗資巨大的項目時，不論你對銀行界的觀感如何，不論你自身的財力有多大，生意有多興旺，都不要輕易放棄銀行的幫助，反而要盡可能爭取到銀行的幫助。但是，必須切記：絕對不要借超過你還得起的數目。

〈全書終〉

國家圖書館出版品預行編目資料

致富思考／麥哲倫著 -- 初版-- 新北市：
新潮社文化事業有限公司，2022.01
冊；　公分
ISBN 978-986-316-820-1
1. 金錢心理學　2. 成功法

561.014　　110017797

致富思考

作　　者　麥哲倫
主　　編　林郁
企　　劃　天蠍座文創製作
出　　版　新潮社文化事業有限公司
電話 02-8666-5711
傳真 02-8666-5833
E-mail：service@xcsbook.com.tw

印前作業　東豪印刷事業有限公司
印刷作業　福霖印刷有限公司

總 經 銷　創智文化有限公司
新北市土城區忠承路 89 號 6F（永寧科技園區）
電話 02-2268-3489
傳真 02-2269-6560

初　　版　2022 年 01 月